Couverture : illustration © Valérie Lavital ; **conception graphique** © Sophie Larivière

ISBN : 978-10-97160-90-6

Elsa Cohen

HACK TON BAC

LE GUIDE POUR RÉUSSIR AU LYCÉE

Massot Éditions

sommaire

006 Comment j'ai hacké mon année de terminale
008 Comment utiliser ce livre ?

NIVEAU 1

014 Les clichés sur le cerveau
022 Faire de l'erreur son ~~enne~~amie
030 La prise de notes
034 Des cours accessibles n'importe où
042 Apprendre à se connaître

NIVEAU 2

054 La mémoire
064 Mieux apprendre avec la culture
068 La *chunk* méthode
078 Exploration

NIVEAU 3

092 La procrastination
100 Dompter sa flemme
106 Apprendre par cœur
118 Orientation

NIVEAU 4

132 Prendre soin de soi
140 La concentration
148 Être organisé
156 Se développer personnellement

NIVEAU 5

170 Le processus créatif
182 S'auto-évaluer
186 Technique de répétition
192 Créer ses projets
200 Faire un stage

GUIDE DE SURVIE

216 Établir un plan d'attaque
220 S'entraîner
224 Faire un planning de révisions
230 Gérer son stress
236 Pendant les épreuves
240 Les attentes des correcteurs

246 Manifeste
250 Ressources & sources
252 Remerciements

comment j'ai hacké mon année de terminale

Tout a commencé en juin 2017. Je suis au lycée, l'année de première se termine. Je passe le bac de français et obtiens des notes correctes, mais le moral est au plus bas : ces derniers mois ont été synonymes d'ennui et rester assise toute la journée derrière mon bureau m'est devenu insupportable. Comme la majorité d'entre nous, je n'aime pas l'école.

Mes options sont limitées : continuer d'aller au lycée et obtenir mon bac sans aucune motivation, ou prendre le risque d'étudier à distance et de passer mon bac en candidat libre, en profitant de mon temps disponible pour réaliser des projets qui m'intéressent vraiment. Après des discussions enflammées avec mes professeurs, m'assurant que je vais droit à l'échec, et avec mes parents, inquiets de voir leur fille sortir du cadre traditionnel, ma décision est prise : je démissionne du lycée. À l'époque, je n'avais encore aucune idée de comment m'y prendre pour préparer le bac seule. Je ne savais pas non plus dans quels projets je souhaitais me lancer. Mais cela n'avait pas d'importance car, pour la première fois de ma vie, je me sentais motivée !

Finalement, cette année-là, j'ai eu l'occasion de réaliser un stage en entreprise de trois mois qui m'a permis de découvrir le monde professionnel et d'acquérir des compétences concrètes, de voyager et améliorer mon niveau en anglais, et de participer à des formations pour apprendre à créer une entreprise. J'ai aussi eu l'occasion de rencontrer des personnes passionnantes et de me créer beaucoup d'opportunités pour ma vie future. Pour finir, j'ai obtenu mon bac avec mention. Après cette année bien remplie, j'avais envie de partager la recette de mon succès avec le maximum de lycéens afin qu'eux aussi puissent hacker leur terminale.

Que tu aies envie d'avoir de meilleures notes à l'école, de trouver ta voie professionnelle, de t'épanouir, ou les trois à la fois, Hack ton Bac t'apportera les clés pour trouver tes réponses !

comment utiliser ce livre ?

Tu l'auras compris, *Hack ton Bac* n'est pas un livre comme les autres. Le but, c'est que tu sois ton propre héros de ces années de lycée, et donc que tu lises uniquement les parties dont tu as besoin.

Pour commencer, ce livre se lit par niveaux et non par chapitres. Tu commences ta lecture au niveau 1, et plus tu avances dans les niveaux, plus ça se complexifie. Le but, c'est bien sûr que tu termines tous les niveaux ! Mais y parviendras-tu ?

Il existe 5 niveaux dans lesquels tu retrouveras toujours 3 thèmes :

1 MON FONCTIONNEMENT. Il semble évident que si l'on a une bonne connaissance de soi-même, de son potentiel ainsi que de ses faiblesses, on est capable de mieux les utiliser. Ce thème te permettra d'explorer ton corps, et ton cerveau !

2 J'APPRENDS À APPRENDRE apporte les méthodologies pour progresser, c'est-à-dire pour travailler plus intelligemment (et pas plus durement). Que tu sois flemmard ou que tu veuilles obtenir une mention, tu y trouveras ton compte. En plus, ce que tu apprendras ici te sera utile bien au-delà du lycée !

3 M'ÉPANOUIR t'aidera à trouver ta voie. C'est-à-dire ? Chercher ta passion, faire un choix cohérent pour ton post-bac, et même créer tes propres projets ! En gros, ce que les conseillers d'orientation n'ont pas pu t'apporter.

En plus de ces 5 niveaux, tu trouveras à la fin de ce livre un **GUIDE DE SURVIE** qui te donnera les hacks pour obtenir les meilleures notes possibles au bac.

Les niveaux sont là pour que tu puisses mesurer ta progression. À chaque fois que tu en réussis un, fais une petite pause dans ta lecture et récompense-toi : tu l'as mérité ! Sache que tu peux lire ce guide dans l'ordre qui te plaît, mais je te conseille malgré tout d'y aller étape par étape, comme dans un jeu. N'hésite pas à gribouiller dedans, à prendre des notes, bref, à te l'approprier. Si je parle de choses que tu ne comprends pas, ou que tu ne connais pas, prends l'habitude de chercher sur Internet. Ce livre n'est pas sacré, il est fait pour être utilisé. Kiffe bien !

HACK :

ACTIVITÉ CONSISTANT À CONTOURNER LES RÈGLES JUGÉES COMME UNE PERTE DE TEMPS*

*le hackeur se réserve le droit de passer ce temps gagné à s'épanouir.

LOCAL TECHNIQUE
DANGER!
risque de hackage
d'éducation
MIKE

NIVEAU 1

Bienvenue dans l'initiation au hackage de ton éducation. Dans ce premier chapitre, je te propose de tester ton niveau de connaissance sur… ton cerveau ! Puis je te donnerai des techniques pour apprendre tes cours non pas après, mais pendant les heures de classe, et faire moins d'efforts quand il s'agira de les réviser. Pour finir, on se penchera sur ton profil émotionnel. Bonne route !

les clichés sur le cerveau

Est-ce qu'il t'est déjà arrivé de te poser des questions sur ton cerveau ? Il te sert en ce moment même à déchiffrer ces mots, à les comprendre et à les retenir, et il te permettra également de tourner la page. Le cerveau est super puissant, bien plus qu'un ordinateur. Pourtant, cet organe demeure le moins compris du corps humain tellement il est complexe. D'ailleurs, il existe de nombreux clichés sur le cerveau, dont on est convaincu et qui se révèlent finalement faux... Je te propose de faire un petit tour de ce que tu penses savoir, et de ce qu'il faut retenir à son sujet !

1.
LES 8 CLICHÉS À PROPOS DU CERVEAU ET LEUR EXPLICATION

1.
Nous utilisons seulement 10 % de notre capacité cérébrale.
Faux ! D'après l'imagerie médicale, l'ensemble de notre cerveau est utilisé, même si toutes les zones ne s'activent pas au même moment. L'idée est néanmoins séduisante et a été reprise dans de nombreuses fictions (comme dans le film *Lucy* de Luc Besson), c'est pour cela qu'elle est aussi répandue.

2.
Notre stock de neurones* se constitue à la naissance, une fois pour toutes.
On a longtemps pensé que l'on naissait avec un nombre de neurones qui ne faisait que diminuer au fil des années, le cerveau adulte n'étant pas capable d'en produire de nouveaux. Bonne nouvelle, c'est faux ! Tout au long de la vie, nous produisons de nouveaux neurones. Évidemment, cette production diminue avec l'âge, tout comme l'efficacité de l'ensemble de nos organes.

3.
Certaines personnes sont capables de réaliser plusieurs tâches en même temps.
Faux ! Des études ont montré que le *multitasking*, c'est-à-dire le fait de réaliser plusieurs tâches en même temps, te rend moins productif. Ce comportement pourrait même détériorer la capacité d'attention. Veille donc à réduire le nombre de tes interactions : manger tout en regardant la télé + traîner sur son téléphone, c'est une mauvaise habitude qui oblige ton cerveau à alterner entre toutes ces activités.

***Neurone** : Cellule dont le rôle est de traiter, transmettre et produire de l'information. Le cerveau contient des milliards de neurones connectés les uns aux autres.

4.

Quand on rêvasse, notre cerveau n'est pas stimulé.

Il est prouvé que le cerveau est stimulé quand il gamberge. Dans ces moments-là, il est dans un mode « diffus », c'est-à-dire qu'il réalise des connexions (entre les choses que tu as vues pendant la journée par exemple), mais d'ordre créatif plutôt que logique. C'est ce qui va t'aider à comprendre de nouveaux concepts que tu n'as jamais vus auparavant. À l'inverse, quand le cerveau est « focus », il réalise des connexions très logiques, que tu connais déjà, par exemple résoudre tel exercice de maths. Les moments où l'on rêvasse sont donc aussi importants que les moments de concentration !

5.

Nos émotions et notre raison n'ont aucun lien.

Faux. Le cerveau rationnel et le cerveau émotionnel travaillent ensemble ! Nous savons aujourd'hui que nos émotions sont plus que liées à notre raison : elles en font intégralement partie. Si on ne ressentait pas d'émotions, on serait incapable de choisir entre un café ou un thé, ou bien de tomber amoureux... Ce sont les émotions qui guident nos décisions, même si notre inconscient agit lui aussi énormément, sans que l'on s'en rende compte.

6.

Notre cerveau n'est pas doué dans certains domaines.

Faux ! Malgré ce que l'on pourrait croire, notre cerveau est capable de tout apprendre avec de la volonté. Certes, il y a une partie de génétique, qui nous donne des prédispositions pour telle ou telle chose, ainsi que l'environnement dans lequel on grandit, qui module ces prédispositions dans un sens ou l'autre. Cependant, même sans prédispositions particulières, c'est-à-dire sans « talent » pour une matière, tu peux tout à fait devenir bon dans cette dernière.

7.

Les jeux vidéo abrutissent les joueurs.

Faux. Dans certains cas, ils ont même des effets positifs sur eux en améliorant leur concentration et leur réactivité. En revanche, l'addiction que peuvent créer les jeux vidéo est dangereuse pour l'hygiène de vie.

8.

On peut muscler son cerveau.

Vrai ! Il est prouvé que des activités telles que la lecture, l'écriture, l'apprentissage d'une nouvelle langue, la programmation informatique ou la musique peuvent augmenter la vivacité de notre esprit et renforcer nos connexions neuronales. Il faut privilégier ce qui nous passionne et nous apporte du plaisir, tout en restant curieux. Apprendre tout au long de sa vie, se confronter à la nouveauté et avoir une bonne hygiène sont les meilleurs moyens de devenir plus intelligent.

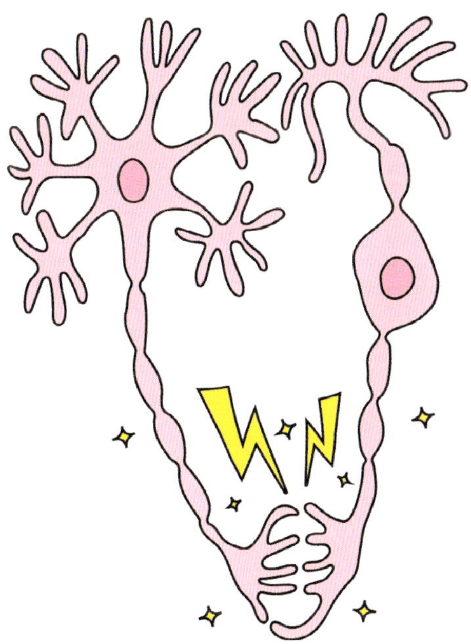

2.
CE QUE TU DOIS RETENIR À PROPOS DE TON SUPER CERVEAU

Ton cerveau évolue tout au long de la vie.
Dès que tu apprends ou expérimentes quelque chose de nouveau, ton cerveau change de taille et de forme. En fonction du travail que tu effectues au quotidien, certaines zones développeront plus de connexions que d'autres. On appelle ça la plasticité cérébrale (ou neuroplasticité). Tout ce qui se passe en nous et autour de nous influe sur les connexions de nos synapses*. Dès l'enfance, notre cerveau crée une réserve synaptique. À l'âge adulte, on entretient cette réserve pour qu'elle soit en mesure de compenser les baisses de neurones au moment de la vieillesse. Avoir une bonne santé cognitive tout au long de sa vie commence dès l'enfance.

Plus tu entraînes ton cerveau, meilleur il sera : le cerveau fonctionne comme un muscle.
Plus tu fais travailler ton cerveau sur un sujet, plus tu auras des facilités à aller en profondeur dans celui-ci. Évidemment, il n'est pas possible en un jour d'entraînement d'avoir le génie footballistique de Mbappé, alors ne t'imagine pas, en travaillant juste une fois, devenir un génie des maths. C'est un travail sur le long terme.

Notre intelligence ne se définit pas par le nombre de neurones que l'on a, mais par les milliards de connexions qu'ils créent entre eux, telle une immense toile d'araignée (c'est la réserve synaptique). Ces connexions évoluent constamment. Et plus tu as de connexions, plus il est facile d'en créer. Tu verras tout au long de ce guide comment créer des connexions solides entre les choses que tu apprends, pour faciliter leur mémorisation. Par ailleurs, c'est en stimulant ton cerveau tout au long de ta vie par l'apprentissage que tu pourras retarder l'apparition des symptômes de maladies comme Alzheimer**.

***Synapse** : Zone qui fait le lien entre deux neurones, permettant la transmission d'un message nerveux.
****Alzheimer** : Maladie neurodégénérative provoquant notamment une détérioration de la mémoire.

Si tu as des difficultés dans l'apprentissage d'une matière, rien n'est foutu.
Ton cerveau est une incroyable boîte à outils.
Ton job est d'apprendre à utiliser ces outils pour libérer ton potentiel. Parfois, cela te demande plus de temps et d'efforts que les autres, ou d'aborder ta leçon différemment (par exemple sous forme de vidéos).
Mais une chose est sûre : lorsque tu fais un effort pour apprendre un nouveau concept, cela a des effets sur ton cerveau. Surmonter une difficulté t'engage émotionnellement : tu auras peut-être éprouvé un peu de frustration, puis de la joie à l'idée d'avoir compris.
Ce phénomène va créer des connexions plus fortes entre tes synapses. Il ne faut pas voir tes difficultés comme des obstacles, mais plutôt comme des chemins qui te rendent plus intelligent.

#true story

Awa a toujours été convaincue qu'elle n'était pas bonne en maths. Tout au long de sa scolarité, elle a fait un blocage sur cette matière et a été incapable de remonter sa moyenne. Elle était convaincue que « ce n'était pas son truc », et ne faisait pas d'efforts pour s'améliorer. Finalement, elle s'est rendu compte que le problème ne venait pas de son cerveau, mais de la manière dont on lui avait expliqué cette matière depuis sa tendre enfance. Elle a aussi pris conscience qu'en se résignant à être mauvaise en maths, elle s'était auto-sabotée en ne faisant pas d'efforts pour réviser. Depuis, elle a rattrapé ses lacunes, et sa moyenne est remontée subitement. Elle a même décidé de s'orienter vers des études d'ingénieur, et qu'elle réussit très bien !

#hack

Nous sommes tous des adeptes
du multitasking malgré nous :
nous mangeons en regardant la télévision,
nous marchons en regardant notre téléphone...
Si tu as des problèmes de concentration, tu devrais commencer par essayer, par exemple quand tu parles à quelqu'un ou quand tu manges, de ne faire que cette activité.

Pratique des activités qui te plaisent et te challengent ! Parfois ce n'est pas toujours facile d'affronter des difficultés, mais la satisfaction de réussir vaut largement le coup.

faire de l'erreur son ~~enne~~amie

À l'école, quand on se trompe, on ressent une sorte de honte. On a l'impression que c'est notre personne qui est jugée par la note plutôt que notre travail. Pourtant, quand on joue aux jeux vidéo, l'erreur est plutôt perçue comme un défi ! Parce que tu sens que tu apprends quelque chose à chaque nouvelle erreur et que tu progresses à chaque nouvel essai. Alors, comment ne plus être découragé par les erreurs que l'on commet à l'école ? Comment apprendre de ses erreurs ? C'est ce que tu vas découvrir tout de suite !

1.
L'ERREUR, PROCESSUS CLASSIQUE DANS L'APPRENTISSAGE

Quand tu apprends quelque chose, il est normal que tu aies besoin de plusieurs essais pour réussir à le comprendre ou à l'appliquer. Penses-tu vraiment que tu aurais pu apprendre à faire du vélo en te contentant de regarder quelqu'un faire et que tu aurais réussi dès ton premier essai ? On t'a appris que l'erreur était une chose négative, pourtant c'est quelque chose de tout à fait normal. Il est prouvé scientifiquement que cela fait partie du processus de l'apprentissage. Quand tu découvres un sujet et que tu cherches à le comprendre, ton cerveau va fouiller dans toute ta mémoire et faire des connexions pour que le « tilt » se fasse dans ta tête. Au début, il teste des connexions hasardeuses pour voir si elles fonctionnent, jusqu'à trouver la combinaison gagnante. Voilà pourquoi tu ne peux pas tout savoir et tout comprendre du premier coup !

2.
NE LAISSE PAS L'ERREUR SAPER TON MORAL !

En cours, quand ton prof te soûle ou que tes potes se moquent de toi à cause de ta mauvaise note, ignore-les. Ton but n'est pas de devenir meilleur que les autres, mais de progresser. Ne te mets pas en compétition avec le reste de ta classe mais plutôt avec ta propre personne : tu dois être meilleur qu'hier et avoir conscience que ta courbe de progression est infinie. La compétition peut être une source de motivation si tu la prends comme un challenge, mais si ça te prend la tête, fais abstraction de la pression que l'on te met. Tout le monde fait des erreurs. Et quand tu essayes de cacher ces dernières plutôt que d'en tirer des leçons, tu gaspilles ton énergie à te protéger du regard des autres plutôt qu'à t'améliorer.

3.
APPRENDS DE TES ERREURS

Si tu uses de ta persévérance pour comprendre quelque chose, tu auras une telle satisfaction quand tu réussiras que tu t'en souviendras pour un moment ! En plus, c'est pratique de te tromper puisque cela t'aide à repérer les endroits où tu n'as pas bien saisi ou retenu ta leçon, et donc à combler tes lacunes. Tu l'auras compris : l'erreur, c'est positif. Mais uniquement si tu en tires une leçon ! Sinon, ça sert pas à grand-chose (à part te démotiver). Par ailleurs, si tu as des mauvaises notes par manque de travail, c'est à toi de choisir : es-tu prêt à travailler davantage pour améliorer ton bulletin, ou bien tu n'en as pas envie et tu l'assumes ? Tu es le seul maître de cette décision.

#true story

Thomas a compris que pour réussir, il fallait accepter ses erreurs et en tirer des leçons... Mais cela n'a pas toujours été le cas ! Auparavant, la moindre mauvaise note était vécue par lui comme une injustice, d'autant plus que ses parents sont sévères et qu'il était puni pour ses mauvais bulletins. Cette époque est révolue depuis qu'il a appris à tirer parti de ses erreurs. Il a progressé à l'école et a eu une mention bien au bac, juste en prenant le temps de comprendre les erreurs qu'il faisait dans ses contrôles et exercices afin de ne pas les reproduire. Le mieux dans tout ça ? Il a arrêté de ressentir de la frustration ou de se comparer aux autres quand il reçoit un contrôle, parce qu'il sait que cela n'a aucune importance.

#hack

N'oublie pas que les notes évaluent ton travail et pas ta personne. Le système de notation est imparfait, il faut malheureusement te faire à cette idée, mais surtout ne pas la laisser te plomber le moral ! N'hésite pas à parler de tes difficultés à quelqu'un de confiance, il pourra te remonter le moral et peut-être t'aider à trouver des solutions pour pallier tes difficultés.

Fixe-toi des objectifs, et quand tu les atteins, récompense-toi ! Offre-toi quelque chose qui te fait plaisir, fais une pause… Montre à ton cerveau et à ton estime que tu es fier de toi. Tu le mérites.

Demande des feedbacks* à tes professeurs. Qu'est-ce qui n'allait pas et comment t'améliorer ? Si c'est parce que tu n'avais pas suffisamment bossé ta leçon, applique l'une de mes techniques pour apprendre plus efficacement tes cours. Si c'est un problème de compréhension, demande de l'aide autour de toi ou cherche sur Internet. Ne reste pas passif face à tes erreurs, car tu vas accumuler des lacunes, qui te créeront d'autant plus de difficultés pour sortir la tête de l'eau.

***Feedback** : Conseil, commentaire qu'une personne formule à une autre pour l'aider à progresser.

conclusion mon fonctionnement

Voilà pour l'introduction à ton cerveau.
Tu en sauras plus à son sujet au niveau 2,
où l'on s'intéressera au fonctionnement
de la mémoire. Si ça te démange,
fonce vite page 54 pour découvrir ce chapitre.

NEXT

“EN N’AUTORISANT PAS L’ÉCHEC, NOUS N’AUTORISONS PAS LE PROGRÈS.”

EDWARD SNOWDEN, LANCEUR D'ALERTE

la prise de notes

Beaucoup de profs au collège nous ont soûlés avec la prise de notes. Ils affirmaient que, si on ne la maîtrisait pas, on serait perdus au lycée. Bon, on est d'accord : ce n'est pas tout à fait vrai. Mais, pour d'autres raisons, cette méthode va changer ta vie ! La prise de notes oblige à être actif et concentré en classe. Donc, tu commences à apprendre sans même t'en rendre compte car tu stimules ton cerveau. L'autre avantage de la prise de notes, c'est qu'elle permet de synthétiser tes leçons et donc de ne réviser que l'essentiel à la maison – parfait pour les cours à rallonge.

COMMENT PRENDRE DES NOTES EFFICACEMENT ?

Pour avoir une prise de notes claire qui te donne envie de te repencher sur tes leçons, tu dois t'organiser un minimum. Voici un exemple de règles que tu peux mettre en place pour te repérer plus facilement dans tes cours :

- Note les titres et sous-titres qui structurent ta leçon en gros caractères ;
- Note les idées principales du cours sous forme de tirets ;
- Note toutes les anecdotes qui te marquent dans un coin de ta feuille ;
- Note les mots à retenir et leurs définitions avec tes propres mots.

Ta prise de notes n'a pas à être belle, elle a besoin d'être lisible. Pour cela, il faut notamment que tu mettes en place, dès le début de l'année, un code couleur. Par exemple :

- **ROUGE** pour les titres de chapitres ;
- **VERT** pour les titres de parties ;
- **BLEU** pour les idées principales ;
- Surligner les mots à retenir en **JAUNE**.

SOCIALISME, COMMUNISME, SYNDICALISME
ALLEMAGNE DEPUIS 1875

- SOCIALISME : vision du monde économique et social qui prône une société égalitaire
- COMMUNISME : vision qui prône la mise en commun des biens et suppression de la propriété individuelle
- SYNDICALISME : mouvement dont l'objectif est de regrouper les catégories pro. pour défendre leurs intérêts
  ex : ouvriers

I) Socialisme et mouvement ouvrier allemand 1875-1914

a) Début du parti socialiste allemand

CONTEXTE
- 1e puissance industrielle
- Conditions vie difficiles pour ouvriers
- Karl Marx écrit le Manifeste du Parti communiste : explique la lutte des classes entre prolétariat et bourgeoisie
- En 71, Empire allemand proclamé (≠ démocratie)
  → Création du Reichtag = assemblée de différents partis politiques

Exemple d'une leçon en prise de notes.

#true story

Pour Ali, c'est un supplice de faire ses devoirs chez lui plutôt que de se concentrer sur les projets qui l'intéressent vraiment. C'est pourquoi, en bon hacker, il a décidé de tout miser sur la prise de notes pour avoir le minimum à faire une fois à la maison. Sur chaque page de son cours, il trace une ligne verticale à un tiers du côté droit. Il prend ses notes dans la partie gauche, la plus large de sa feuille. Puis, à la fin du cours ou quand il revoit sa leçon, il note rapidement dans la partie droite de la page les points-clés de son cours. Pour apprendre, il regarde ailleurs et essaie de répéter ces points-clés, jusqu'à ce que ce soit rentré. Généralement, il connaît déjà bien son cours car il était concentré en classe. C'est un sacré niveau de flemme, couplé à une efficacité hors norme !

#hack

Sors ton matériel dès que tu arrives en cours, comme ça, tu es attentif quand ton prof commence la leçon.

Utilise tes propres mots et des abréviations que tu comprends. N'essaye pas de faire compliqué, sinon tu n'auras jamais envie de te plonger dedans !

Tes notes te seront d'autant plus utiles si tu les reprends une fois à la maison, et que tu en fais des fiches, par exemple.
Apprends à faire une fiche page 107.

Si tu notes tes cours sur des feuilles, **range-les directement** dans ton classeur ou **numérote-les** pour ne pas les mélanger.

Revois les notes prises pendant la journée **avant de te coucher.** Ta mémorisation n'en sera que meilleure.

N'écris pas ce que ton prof dit au mot près à moins qu'il ne l'exige. Le mieux est que tu **utilises tes propres mots lors de la prise de notes.**

des cours accessibles n'importe où

L'avantage d'Internet ? Avoir accès à toutes les connaissances, partout, tout le temps ! Aujourd'hui, récupérer ses leçons sur Internet comporte beaucoup d'avantages.
Si tu manques les cours, tu n'as pas besoin de courir après ton polycopié.
Il suffit de savoir de quoi le prof a parlé et tu retrouves tout sur l'ordi. Si tu as du mal à comprendre le cours de ton enseignant, ou bien si tu t'entends mal avec lui, tu peux réviser ton bac sereinement avec des leçons adaptées à ta personne. Plein de raisons pour ne pas laisser tomber une matière !

COMMENT TROUVER SES COURS SUR INTERNET ?

Il existe de nombreux cours en libre accès qui te permettront de réviser efficacement. Voici une liste de mes préférés :

- **Schoolmouv** avec les cours disponibles à la fois par écrit, sous forme de résumés et en vidéos.
- **Les Bons Profs** avec leurs nombreuses vidéos.
- **La Khan Academy** a des cours d'une qualité exceptionnelle. Une partie du contenu est disponible en français, le reste est en anglais. Un bon moyen de bosser la langue de Shakespeare et un cours en même temps.

Trouve le site qui te correspond et te permettra de ne plus avoir de lacunes. Ces supports peuvent aussi t'aider à comprendre une leçon compliquée, ou bien à avoir accès à d'autres anecdotes qui renforceront ta culture générale. Donc, prends le réflexe d'y jeter un œil quand tu révises !

Retrouve toutes nos ressources préférées sur notre site Internet hacktonbac.com !

#true story

Le prof de SVT d'Émilie a été souvent absent pendant son année de première, c'est pourquoi elle a eu de grosses difficultés à suivre et ordonner ses cours. Du coup, pendant les trois mois avant son bac de science, elle s'est mise à réviser uniquement les cours qu'elle trouvait sur SchoolMouv. Avoir des cours propres et clairs, et même des vidéos et des exercices pour s'entraîner, lui a permis de progresser, elle qui n'est pas passionnée par cette matière à la base. Résultat ? Elle a eu la meilleure note de sa classe au bac de science !

#hack

Fais un tour sur différents sites qui proposent des **cours en ligne,** pour choisir ton préféré.

Ces supports offrent des anecdotes qui renforceront ta culture générale. **Prends l'habitude de les consulter lorsque tu révises.**

Quand tu as une question sur un point d'un cours, que cela soit sur une date ou un théorème précis, **fais appel à Google !** Il suffit de taper les mots-clefs de ta question dans le moteur de recherche, par exemple : « Date publication Manifeste parti communiste Marx », pour avoir la réponse.

conclusion

j'apprends à apprendre

Tu as maintenant les premiers outils pour travailler efficacement sans bousculer ton quotidien (surtout si tu es flemmard). Une fois que tu auras pris l'habitude de les utiliser, découvre le niveau 2 de « J'apprends à apprendre ».

Tu as trouvé ça trop facile ? Prends de l'avance en allant voir les prochaines techniques, page 64.

NEXT

“INTERNET EST LA MEILLEURE ÉCOLE QU'ON AIT JAMAIS CRÉÉE. LES MEILLEURS CAMARADES SONT SUR INTERNET. LES MEILLEURS LIVRES SONT SUR INTERNET. LES MEILLEURS PROFS SONT SUR INTERNET. LES OUTILS POUR APPRENDRE SONT ABONDANTS.”

NAVAL RAVIKANT, ENTREPRENEUR ET INVESTISSEUR

apprendre à se connaître

Est-ce qu'il t'arrive d'être triste sans savoir pourquoi ? Quand ton entourage te reproche d'être stressé ou en colère, as-tu conscience de tes émotions ? Le but de l'introspection* est de te poser les bonnes questions, pour mieux te comprendre et accepter le monde qui t'entoure. Cela demande de prêter une attention spéciale à ce que tu ressens. Faire une introspection, en commençant ce livre, te permettra de mieux comprendre les sujets que l'on abordera ensuite, qui te permettront à leur tour de trouver ton orientation au niveau 3. En plus, l'introspection t'aidera aussi sur le plan personnel. Mettons-nous en quête de ton profil émotionnel !

*Introspection : Observation et analyse de sa vie intérieure.

1.
TON PORTRAIT ÉMOTIONNEL

Parfois, tu te sens submergé par la colère ou la peur, et tu n'arrives pas à contrôler tes émotions ? Ou bien tu es d'un optimisme à la limite du naïf, qui a le don d'agacer ton entourage ? Tout cela fait partie de ton profil émotionnel ! Il regroupe ta capacité à avoir conscience de toi, à te remettre facilement d'une émotion négative, à être concentré... Six jauges, que l'on détaillera juste après, permettent de définir notre profil émotionnel.
Face à une même situation, on réagit tous différemment. Ce qui est épatant, c'est que cette différence de réaction se voit dans nos cerveaux respectifs ! Par exemple, si tu regardes un film d'horreur, tu seras peut-être terrifié et ton cerveau sera dans un état d'alerte maximal. Alors que ton pote juste à côté, lui, n'aura pas peur parce que son cerveau ne lui aura pas envoyé le moindre signal. En gros, une même circonstance, une même rencontre, peut être perçue par le cerveau de manière très différente, ce qui induit des réactions différentes.

Avant de continuer ta lecture, va sur notre site hacktonbac.com pour réaliser notre test et découvrir quelle est la dimension de ton profil émotionnel !

2.
LES DIMENSIONS DU PROFIL ÉMOTIONNEL

En observant le cerveau de différentes personnes, on s'est rendu compte que, face à une même situation, le cerveau d'un individu X peut réagir très différemment de celui de sa voisine Y. Ainsi, certains individus sont déprimés parce qu'une partie de leur cerveau a tendance à moins s'activer que chez des gens résolument positifs. Pour mesurer ces différences, Richard Davidson, professeur de psychologie et chercheur en neurosciences*, a défini six dimensions qui permettent de savoir où on se situe émotionnellement, sans avoir besoin d'une IRM.

*Neurosciences : L'étude du fonctionnement du système nerveux, qui comprend le cerveau, la moelle épinière, les nerfs, les muscles et tous les organes constitués de neurones.

1.
La résilience
C'est la force morale grâce à laquelle tu surmontes les difficultés ou les émotions négatives.
Exemple : ton prof se met en colère parce que tu n'as pas fait tes devoirs. Tu rumines toute la journée contre lui et ça plombe ton moral. Dans ton profil émotionnel, tu fais plutôt partie des gens qui ont du mal à récupérer face à une situation négative, tu n'es pas très résilient.

2.
La perspective
Ta capacité à voir les choses de manière positive ou négative. Littéralement, « voir le verre d'eau à moitié plein ou à moitié vide ».
Exemple : lundi matin, 8 heures, le prof vous colle un contrôle-surprise. OK, ce n'est pas cool, mais au moins, cela te permettra de voir si tu es au point pour le prochain bac blanc. Tu vois le bon côté des choses, tu as une perspective positive.

3.
L'intuition sociale
Tes pressentiments sur ce que ton entourage ressent, parfois sans même qu'il s'en rende compte.
Exemple : ta meilleure pote n'a pas le moral ce matin. Tu pourrais aller la voir et la harceler de questions pour savoir ce qu'il se passe, mais tu sens bien qu'elle a envie de rester seule. Alors, tu lui montres que tu es là sans la forcer à se confier. Tu as interprété le langage de son corps et de sa voix. Tu as une forte intuition sociale.

4.
La conscience de soi
La facilité avec laquelle tu as conscience des émotions qui te traversent, ou de tes sensations corporelles.
Exemple : parfois, ton entourage te dit que tu es fatigué, ou en colère, et tu n'arrives pas à l'admettre. Tu leur réponds : « Mais pas du tout ! » Tu n'es pas à l'écoute de ton corps, tu es opaque à toi-même.

5.
La sensibilité au contexte
La manière dont tu adaptes tes actions en fonction du contexte social.
Exemple : ton prof parle d'un sujet sérieux, et tu ne peux pas t'empêcher de faire l'imbécile. Tu ne te rends pas compte que ce n'est pas le moment. Tu n'as pas un comportement adapté et tu es déconnecté du contexte dans lequel tu te trouves.

6.
L'attention
Ta capacité à te concentrer sur quelque chose.
Exemple : il y a des moments où tu es tellement concentré que, quand les gens autour de toi te parlent, tu ne les entends pas. Tu es quelqu'un de super concentré !

D'après les dernières recherches en neurosciences, on considère qu'il existe six dimensions émotionnelles. Les chercheurs auraient en effet découvert des circuits cérébraux (des chemins) qui se traduisent par ces six caractéristiques. Comme toujours en science, il arrive que nous ne nous rendions pas compte de certaines subtilités et qu'il existe, par exemple, encore plus de dimensions. Malgré tout, l'expérimentation de ces profils émotionnels sur des humains a prouvé qu'ils étaient cohérents.

POUR CONCLURE

En connaissant ton profil émotionnel, tu comprendras mieux comment il peut affecter ta santé ou tes relations sociales. Il te permettra de prendre conscience de certains de tes actes et pensées, ce qui est essentiel !
En connaissant ton cerveau, tu vas également te rendre compte qu'il est possible de changer certains de ses traits pour être plus épanoui, et moins prisonnier de ton esprit !

#true story

Lola était souvent en conflit avec ses parents et les gens autour d'elle. C'était compliqué à gérer, elle se sentait seule et très en colère. Un jour, elle a décidé de prendre les choses en main : elle a fait le test pour trouver son profil émotionnel, et a compris pourquoi son comportement était source de problèmes. D'ailleurs, ça lui a aussi montré les limites du comportement de son propre entourage ! Désormais, elle est moins stressée, et même s'il lui arrive toujours d'avoir du mal à maîtriser ses émotions, elle sent que ça va de mieux en mieux.

#hack

Désormais, quand tu as une réaction extrême,
ou bien que les gens s'agacent à cause de toi,
essaye de repérer quelle dimension de ton profil émotionnel s'est réveillée
et ce qui t'a mis dans cet état.
Prendre du recul te fera beaucoup de bien !

Observe également les différences entre toi et ton entourage.
C'est sûrement à cause d'elles que vous avez parfois du mal à communiquer, vos cerveaux sont très différents.

conclusion
m'épanouir

Réaliser une introspection est loin d'être facile. Tes profs et parents n'ont peut-être jamais pris le temps d'en faire ; donc, aie conscience que c'est un bel effort que tu viens d'accomplir. Réfléchis à ces résultats, et quand tu te sens prêt, attaque l'exploration, qui se trouve page 78 !

NEXT

“

DANS LA VIE, RIEN N’EST À CRAINDRE, TOUT EST À COM-PRENDRE. ”

MARIE CURIE, PHYSICIENNE

NIVEAU 2

Tu as terminé le premier niveau, bravo !
Passons aux choses sérieuses...
Tu commences à avoir l'habitude :
on commence par décrypter comment
on fonctionne, et cette fois-ci,
on va s'intéresser à ta mémoire.
Dans la partie méthode, tu découvriras
comment réviser vite et bien.
Pour finir, on verra quels sont les outils
à ta disposition pour explorer
le monde qui t'entoure, et l'état d'esprit
qui te permettra d'en profiter.
Allez, fonce, on fait la course !

la mémoire

La mémoire est un sujet large et complexe. On a tous besoin de sa mémoire, mais on ne sait pas forcément comment elle fonctionne. Y voir un peu plus clair sur ce sujet te permettra d'optimiser ton apprentissage. Le but n'est pas que tu deviennes un chercheur en neurosciences, mais que tu comprennes le fonctionnement de ton cerveau pour faire travailler ta mémoire à son plein potentiel !

1.
INTRODUCTION À LA MÉMOIRE

D'après le Larousse, « la mémoire est la capacité à se souvenir d'un poème, reconnaître un visage, évoquer un événement très ancien, faire du vélo ou se rappeler que les clés sont sur la table. Le point commun de tous ces éléments est d'impliquer l'apprentissage et la reconstruction totale ou partielle d'une expérience passée. »

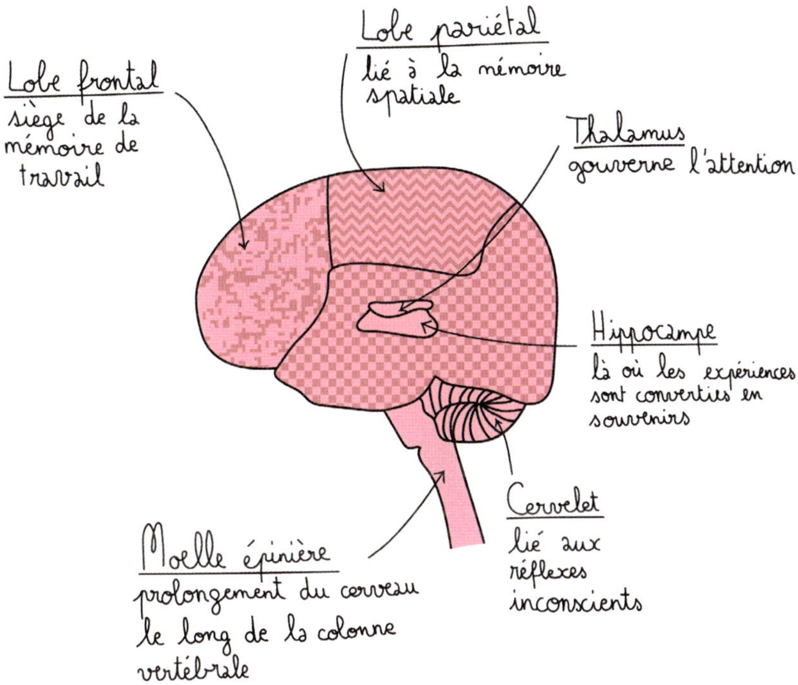

Une chose apprise devient un souvenir. Dans le processus d'apprentissage, de nouveaux neurones se connectent entre eux (formant le souvenir), et chaque fois que tu vas réutiliser cette connaissance, en l'enrichissant ou bien en la corrigeant, les liaisons entre ces neurones vont se modifier. Par ailleurs, quand tu fais appel à ce souvenir, les connexions neuronales vont se renforcer.

Nous possédons tous deux types de mémoires interconnectées :

La mémoire à court terme

La mémoire de travail
Elle permet de « garder en tête » les choses que tu viens d'apprendre et que tu sollicites (le temps de réaliser un exercice par exemple). Dès que tu passes à la tâche suivante, les données de cette mémoire s'effacent pour être recodées avec les nouvelles informations que tu découvres.

Les mémoires à long terme

1.
Les mémoires explicites, c'est-à-dire les mémoires auxquelles tu as consciemment accès :

La mémoire épisodique
C'est ta mémoire autobiographique.
Elle situe les événements dans le temps et l'espace.
Elle est utile pour nous rappeler nos propres souvenirs, tel l'anniversaire de tes dix ans quand tu as reçu le cadeau dont tu rêvais. C'est aussi grâce à elle que tu accèdes aux sensations et émotions ressenties à certains moments de ta vie.

La mémoire sémantique
Elle est précieuse pour se souvenir du sens des mots, des théorèmes, des dates d'événements historiques, bref, pour l'ensemble de nos connaissances.

2.
La mémoire implicite nous influence sans que l'on s'en aperçoive. Elle nous permet d'apprendre sans avoir conscience de faire un effort.

La mémoire procédurale
Elle concerne surtout les habiletés motrices.
C'est elle qui nous permet de marcher ou de faire du vélo de manière automatique, sans même que l'on ait conscience de nos mouvements.

2.
LA FORMATION D'UNE CONNAISSANCE

La manière dont un souvenir est stocké dans notre cerveau est comparable aux pièces d'une maison : une même information est fragmentée en données qui se retrouvent dans différentes parties du cerveau. Prenons par exemple le souvenir du jour de ta rentrée en seconde : le nom des personnes que tu as rencontrées est stocké dans l'aire du langage, tandis que le moment où tu te déplaçais pour rejoindre ta nouvelle classe se trouve dans le cortex moteur.

La mémoire de travail (elle fait partie de la mémoire à court terme) ressemble à un tableau à la craie qui s'efface dès qu'on écrit une nouvelle information par-dessus. C'est pourquoi il est important de revoir plusieurs fois le concept que l'on essaye d'apprendre. C'est comme cela que l'information quitte la mémoire de travail pour rejoindre l'hippocampe, la zone du cerveau qui (entre autres) encode les souvenirs pour qu'ils atteignent la mémoire à long terme. Ainsi, plus tu revois une leçon, plus tu accélères le travail de l'hippocampe en renforçant les connexions entre les neurones mis en jeu. Pour finir, ton concept se retrouve dans la mémoire sémantique, c'est-à-dire l'une des mémoires à long terme, qui est une sorte d'entrepôt de la mémoire. Tu as besoin de pratiquer et de revoir régulièrement tes leçons, si tu veux les retrouver facilement dans cet immense entrepôt !

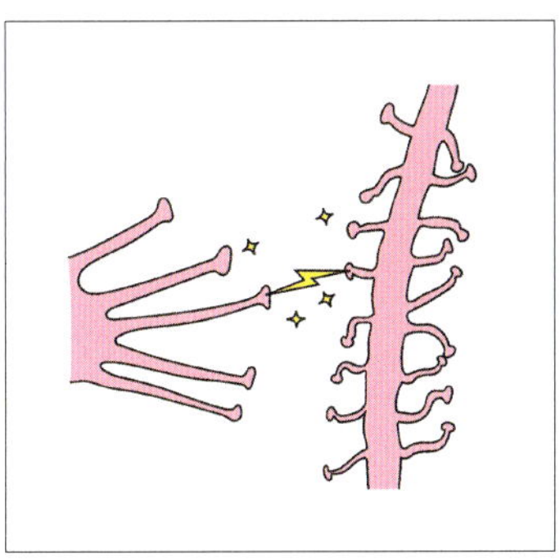

Deux synapses se connectent dans la mémoire du travail.

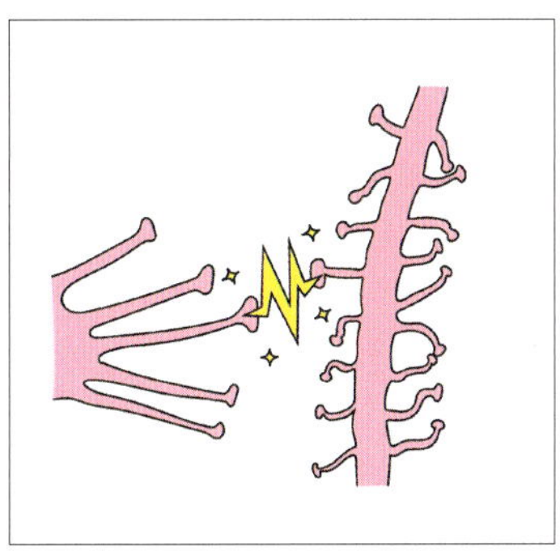

L'hippocampe sollicite la connexion des deux synapses.

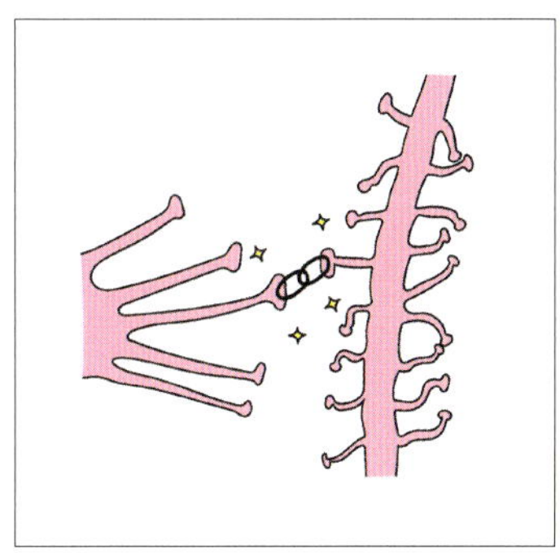

Arrivée dans la mémoire à long terme, l'information est retrouvable si tu y fais appel régulièrement.

3.
LE RÔLE DE L'ÉMOTION DANS L'APPRENTISSAGE

La majorité de nos expériences quotidiennes ne seront pas mémorisées par notre cerveau, car il les jugera inutiles. Cependant, il suffit qu'une expérience fasse appel à une émotion ou sensation forte pour que tu t'en souviennes. Certains de tes souvenirs sont si marquants qu'ils modifient la structure de ton cerveau en créant de nouvelles connexions entre tes neurones.

Dans l'apprentissage, il ne suffit pas d'avoir les bonnes méthodes, il faut aussi de la volonté pour exceller. En fait, les parties du cerveau qui gèrent nos émotions sont interconnectées avec toutes les autres régions du cerveau. Du coup, si tu n'as pas envie d'apprendre ta leçon (parce que ça ne t'intéresse pas, ou parce que, de toute façon, tu détestes ton prof, et puis parce que l'école te soûle), tu envoies à ton cerveau ces signaux :

N'APPRENDS PAS CETTE LEÇON, C'EST DANGEREUX, ÇA NOUS FAIT RESSENTIR DES ÉMOTIONS NÉGATIVES, ATTENTION DANGER !

Si, si, je t'assure. Plus sérieusement, il est prouvé que si tu ressens des émotions négatives à l'idée d'apprendre une leçon, tu auras énormément de difficultés à la mémoriser. Je sais, ça peut sembler décourageant car il est difficile de s'intéresser à tous les sujets que l'on étudie à l'école.

4.
EN QUOI CE QUE TU VIENS DE LIRE PEUT T'AIDER À MIEUX EXPLOITER TA MÉMOIRE ?

Tout d'abord, pour faire passer une idée de la mémoire de travail à la mémoire sémantique, il faut s'assurer de deux choses :

1.
L'idée doit être mémorisable
Pour cela, il faut qu'elle soit bien comprise, qu'elle te parle.

2.
L'idée doit être vue à plusieurs reprises
Sinon la connexion entre tes neurones va disparaître avant même de s'être consolidée.

Ensuite, avant de commencer à apprendre une leçon, et pour donner envie à ton cerveau de la retenir, demande-toi :

- Pourquoi j'apprends cette leçon ?
- Que peut m'apporter cet apprentissage ?

Essaye d'y répondre avec sérieux, en trouvant de bonnes raisons. Tu verras qu'il sera beaucoup plus simple et efficace de t'y mettre ensuite.

#true story

Quand il a su que sa mémoire pouvait se développer avec de l'entraînement, Maxime n'en revenait pas ! Lui qui a toujours eu du mal à apprendre des choses par cœur a vu sa scolarité se transformer. Avec les années, il a renforcé sa mémoire et l'a améliorée, ce qui lui a permis d'augmenter sa moyenne. Il a désormais beaucoup plus de facilité à retenir des choses, en faisant beaucoup moins d'efforts.

#hack

On sous-estime le bénéfice des **répétitions espacées** dans l'apprentissage. Si tu souhaites en savoir plus, jette un œil **page 186, à « technique de répétition ».**

Écrire à la main aide la mémoire à encoder l'information.

Plus tu apprends une chose de manière parlante pour toi, plus tu pourras facilement te la rappeler.

Si tu abordes tes leçons dans un format moins scolaire, par exemple en regardant un film ou en lisant un livre lié au sujet, tu auras beaucoup de facilité à t'y intéresser. Ça tombe bien, on t'en dit plus dans les pages suivantes.

conclusion mon fonctionnement

Alors, fastoche ou pas, la mémoire ?
Cette partie a montré toutes les choses incroyables qu'elle nous permet d'accomplir.
Au niveau 3, page 92, on s'attaque notamment à ton pire ennemi, la procrastination !

NEXT

mieux apprendre avec la culture

Lorsque l'on étudie un sujet sous des formats différents, on le retient plus rapidement. Par exemple, quand tu étudies un thème d'histoire, regarder un documentaire sur cette époque et sur ses principaux personnages te permet de comprendre le contexte dans lequel s'inscrit ta leçon. Pareil quand tu étudies une formule mathématique : savoir qui l'a trouvée, et comment, t'aidera à l'apprendre. Cela permet de mettre en perspective des cours qui semblaient à première vue barbants. Cela te permettra aussi, le jour du bac, de démarquer ta copie en montrant ta culture générale, ce qui est très apprécié par les examinateurs.

1.
LES FILMS ET DOCUMENTAIRES

Généralement, quand le prof met un film en cours, c'est plutôt l'heure de la sieste. Pourtant, c'est une excellente occasion d'apprendre sans avoir l'impression de travailler, car l'audiovisuel stimule davantage notre mémoire. Le sujet s'imprime de manière profonde et rapide. Peu importe la matière, tu trouveras toujours des films en rapport avec ton sujet.

Voici une liste de mes préférés :

- ***Imitation Game*** montre la difficulté et l'excitation d'une découverte mathématique qui nous a permis de gagner la Seconde Guerre mondiale. Rien que ça ;
- ***Matrix,*** assez vieux pour être cité dans sa copie de philo, à propos de la perception et de la conscience ;
- ***The Truman Show*** sur la liberté en philo ;
- ***Le Fils de l'autre*** à propos du conflit israélo-palestinien ;
- ***Good Bye Lenin*** sur la période de la guerre froide.

2.
LIRE DES LIVRES POUR UNE MEILLEURE CULTURE GÉNÉRALE

Un tas de BD et de livres écrits par des historiens ou par des experts te permettra aussi d'aborder de manière agréable et approfondie un sujet de bac :

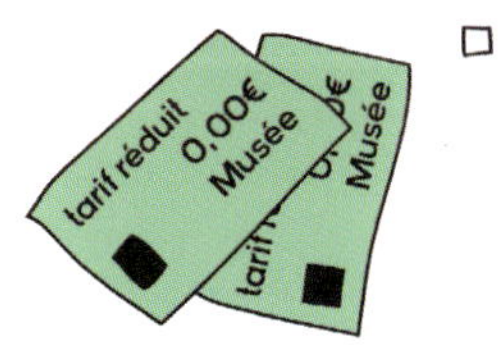

- ***Persépolis*** sur le conflit du Moyen-Orient avec un focus sur l'Iran ;
- ***Histoire dessinée de la guerre d'Algérie ;***
- ***Les Maths en BD*** permet de faire un tour des maths de manière fun et moins abstraite ;
- ***Le Mystère du monde quantique*** pour se pencher sur la physique ;
- ***La Planète des Sages 2*** pour le programme de philo.

Découvre d'autres ressources sur le site Internet hacktonbac.com !

#true story

Oussama adore les films et séries.
C'est grâce à des centaines d'heures de visionnage qu'il a aujourd'hui une culture générale aussi impressionnante ! Entre les documentaires d'Arte, *Game of Thrones* et les dessins animés, il s'est construit une sacrée culture. Évidemment, pour cela, il est toujours attentif lorsqu'il regarde quelque chose. Et d'ailleurs, il ne s'arrête pas à l'audiovisuel : il lit aussi plein de romans et d'articles.

#hack

N'hésite pas à **chercher sur Internet des films et livres supplémentaires** pour enrichir ta culture et ton intérêt.

Essaye de visionner les films en langue originale, avec les sous-titres également en VO. Tu verras, au bout de quelques mois, tu auras fait d'énormes progrès en langue étrangère.

Pour rendre ce travail vraiment utile, tu dois être actif. **Prends quelques notes à propos du livre ou du film que tu viens de finir, et ajoute cette fiche au cours.** Être dynamique facilitera sa mémorisation.

Découvrir des œuvres artistiques enrichira certes ta culture générale mais cela t'offrira aussi une autre perspective sur la leçon que tu apprends. **Va donc faire un tour au musée quand tu as l'occasion !**

la *chunk* méthode

La *chunk* méthode est méconnue en France. Pourtant, cette technique d'apprentissage est particulièrement efficace. Elle mobilise les connaissances que l'on a déjà, pour faire des liens avec les choses que l'on découvre, et donc les retenir plus facilement.
C'est en renforçant ces connexions neuronales que nos connaissances s'ancrent dans la mémoire à long terme.
Quand on découvre un nouveau concept, la logique de ce dernier n'est pas toujours évidente. C'est comme un puzzle mélangé dont on n'arrive pas à rattacher les pièces entre elles. Grâce au *chunk*, tu apprends à replacer tes concepts dans un contexte.
Le but est de comprendre l'info et donc de mieux la retenir.

COMMENT APPRENDRE PLUS FACILEMENT ?

1.
Avant toute chose, lis ta leçon en entier pour avoir une vue d'ensemble de ton cours. Regarde rapidement toutes les photos, diagrammes, mais aussi les mots en gras et même les questions à la fin du chapitre si ton manuel en a. Comme ça, ton cerveau sait à quoi s'attendre avant de plonger dans ton cours.

Puis retourne à la nature de ton problème en te posant ces 3 questions :

- Pourquoi c'est important ?
- Comment ça m'aidera en dehors des cours ?
- Comment ça m'aidera dans le futur ?

2.
Maintenant, il faut que tu « *chunk up* » et « *chunk down* » ton concept. *WTF* ? Tu vas voir, c'est simple.
Cela signifie que tu dois aller au-delà de ton concept initial.
Le but est que tu comprennes ta leçon dans sa globalité mais aussi dans ses détails.

Le but de *chunk up* ta leçon, est d'en avoir une vision plus globale. Pour cela, essaye de répondre aux questions suivantes :

- De quoi cela fait partie ?
- De quoi est-ce un exemple ?
- Quel est le but de ceci ?

Exemple de « *chunk up* »

GOUVERNER LA FRANCE, DE 1946 AU DÉBUT DES ANNÉES 1980

- Cela fait partie de l'histoire de la France au sein de son territoire, d'un point de vue économique et social.
- C'est un exemple de l'évolution d'un État-nation vers une république plus démocratique au lendemain de la guerre.
- Le but est de comprendre quelles ont été les étapes-clés dans l'évolution de la France de 1946 jusqu'aux années quatre-vingt afin de prendre conscience des raisons pour lesquelles la France est gouvernée comme elle l'est aujourd'hui.

Ensuite, *chunk down* te permet d'avoir une vision plus précise de ton concept et d'en retenir des exemples concrets :

- Quel exemple se retrouve dans ce chapitre ?
- De quoi est constitué ce concept ?
- Qui / Quoi / Quand / Où précisément se place la leçon ?

Exemple de « *chunk down* »

GOUVERNER LA FRANCE, DE 1946 AU DÉBUT DES ANNÉES 1980

- Un exemple de la manière de gouverner la France à cette époque est la manière dont l'État-providence a cherché à protéger ses citoyens en mettant par exemple en place le droit à l'IVG en 1975.
- Ce chapitre est constitué de l'idée que l'État a fortement évolué à la fois sur sa manière d'être gouverné et sur le plan socio-économique.
- Qui ? Les citoyens français et leur gouvernement
  Quoi ? L'évolution du pays après la guerre à travers de nouveaux programmes et républiques.
  Quand ? De 1946 (après la Seconde Guerre mondiale) jusqu'aux années 1980 (la fin des Trentes Glorieuses).
  Où ? En France.

#true story

Pendant sa carrière, Tony Parker s'est retrouvé à un moment critique où il devait choisir entre « être bon » et ne jamais avoir une carrière légendaire, et « être un grand » ce qui exigeait de revoir ses techniques de prise en main de la balle pour devenir encore plus performant. Repartir de zéro est un choix courageux que peu auraient fait. Il s'est entraîné de nouveau pendant des heures, et il a laissé son empreinte dans le monde du sport. Comme pour Tony, revoir tes méthodes d'apprentissage ne sera pas facile au début, mais si tu veux être meilleur que tu ne l'es aujourd'hui, il faut en passer par là !

#hack

Note les réponses aux questions dans un coin de ta page. Ça te permettra de réviser rapidement et d'étayer ton propos lors d'un contrôle.

Revois régulièrement ton sujet pour qu'il s'ancre dans ta mémoire à long terme. Pour ce faire, tu peux utiliser les méthodes complémentaires (voir pages 106-107).

Tes professeurs n'auront pas forcément envie de répondre à tes questions. Si c'est le cas, **c'est à toi de faire tes recherches sur Internet ! De manière générale, stimule ta curiosité** en cherchant sur Wikipédia l'inventeur de la formule de maths que tu dois apprendre, ou les grands artistes de la période que tu étudies.

conclusion
j'apprends à apprendre

●●○○○

Teste ces outils, empare-toi de ces techniques,
il faut que tu les fasses tiennes.
Le prochain niveau t'aidera à retrouver
la motivation et à apprendre par cœur.
Tu peux aller y faire un tour page 100.

NEXT

“ NOS PEURS LES PLUS PROFONDES SONT COMME DES DRAGONS GARDANT NOTRE TRÉSOR LE PLUS PRÉCIEUX. ”

RAINER MARIA RILKE, ÉCRIVAIN

exploration

L'exploration t'ouvre à de nouvelles découvertes, et je dirais même mieux, te donne envie de partir à leur recherche. Peu importe ton âge, il y a des tonnes de choses à tester et expérimenter qui te permettront de trouver ta voie. Tu n'as peut-être pas encore découvert tous tes talents, c'est pourquoi tu ne devrais jamais cesser d'apprendre quand tu en as l'occasion. Tout est une question d'état d'esprit. Pour trouver où tu excelles et ce qui te rend heureux, il faut que tu acceptes que l'aventure soit semée d'obstacles et qu'elle demande des efforts. Je te donne les outils qui te permettront d'explorer le monde qui t'entoure et de trouver pour quoi tu es fait !

1.
L'ÉTAT D'ESPRIT DES MEILLEURS

C'est facile de se dire qu'Albert Einstein avait une plus grande intelligence que la moyenne, et que Killian Mbappé était doué pour le ballon de naissance. La majorité des gens voient les choses de cette façon : le talent est inné et nous n'avons aucun pouvoir dessus. Nos gènes définissent ce que nous sommes et serons pour le restant de nos jours.
Mais cette vision ne mentionne pas les efforts qu'ont dû accomplir les personnes qui ont du succès. Un talent qui n'est pas travaillé n'a aucune chance de se démarquer.
Sois certain qu'en transformant ton état d'esprit, en étant convaincu que tu peux t'améliorer, tu parviendras plus facilement à réussir des choses.

Ce fameux état d'esprit dont je parle depuis tout à l'heure, on l'appelle le *growth mindset* : l'attitude de croissance. Cela signifie qu'on sait qu'on est capable de faire mieux et qu'avec de la patience et de l'effort, on deviendra bon dans n'importe quel domaine. On l'a déjà vu au niveau précédent : nos aptitudes sont améliorables grâce à la neuroplasticité*. Il suffit de le vouloir.
Les personnes qui ont un *growth mindset* savent qu'elles peuvent devenir plus intelligentes et talentueuses.
À l'opposé du *growth mindset*, il y a le *fixed mindset* : l'attitude figée. Quand on est dans un *fixed mindset*, on a tendance à tout juger : vais-je réussir ou échouer ? Est-ce que je vais avoir l'air intelligent ou idiot ? Est-ce que je me sentirai gagnant ou perdant ?
Dans le monde du *fixed mindset*, le but de la réussite est de prouver aux autres que l'on est intelligent et talentueux.
Malheureusement, l'école a plutôt tendance à développer chez nous un *fixed mindset* qu'un *growth*. L'adolescence, de manière plus générale, est souvent une période ingrate où l'on se juge et compare beaucoup aux autres.

***Neuroplasticité** : Capacité du cerveau à se remodeler en fonction des choses que l'on expérimente et apprend, ou après un accident.

Tout cela est prouvé scientifiquement, sinon je ne t'en parlerais pas. Une étude a montré que les personnes avec un *growth mindset*, quand elles font une erreur, ont une activité cérébrale plus importante que ceux ayant un *fixed mindset*. Cela signifie qu'elles sont très attentives à leurs erreurs, les retiennent mieux et donc en font moins à la longue que les autres.

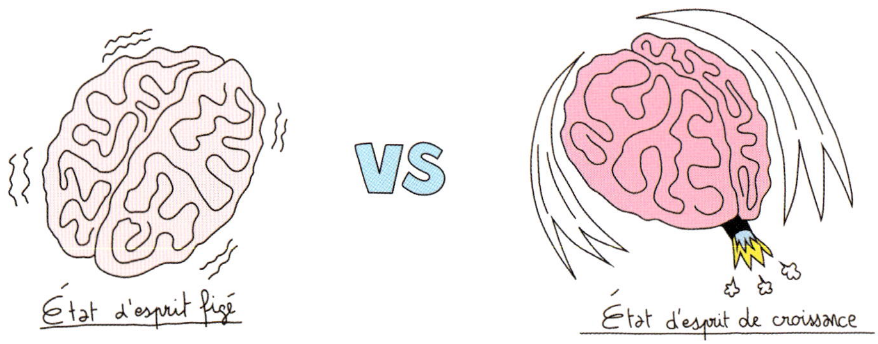

La relation entre nos croyances et ce qui se passe dans notre cerveau est clairement profonde. Si tu crois en toi et en ta capacité à progresser, ton cerveau sera plus performant.

Comment tendre vers un *mindset* plus *growth* ?

Changer d'état d'esprit prend du temps car il faut déconstruire tout un tas de croyances acquises depuis des années. Mais sois certain que tu y arriveras. Voici les habitudes à prendre pour avoir un meilleur état d'esprit :

- **Trouve un moyen de croire en toi,** en tes talents et en ta capacité à progresser.

- **Vois l'erreur d'une manière différente.** Maintenant tu le sais, l'erreur est la possibilité d'apprendre de nouvelles choses. Ne la laisse pas te saper le moral.

- **Développe ta conscience de toi.**
  Fais en sorte d'être toujours plus attentif à tes aptitudes et à tes passions ; fais-les mûrir, expérimente. Demande des conseils aux gens qui sont bons dans le domaine dans lequel tu veux t'améliorer.

- **Sois curieux et observateur.**
  Retrouve ton attitude d'enfant et interroge-toi sur ce qui se passe autour de toi. Pose des questions sans avoir peur du ridicule et sois attentif aux réponses.

- **Fais les choses que tu aimes et aime les choses que tu fais.**
  Il est beaucoup plus facile de réussir quand on est passionné. Oui, OK, c'est une règle difficile à appliquer dans la mesure où tu passes la majorité de ton temps à l'école. Alors trouve un moyen de l'appliquer en dehors des heures de cours !

- **Inspire les autres et laisse-toi inspirer par eux.**
  C'est tentant d'envier les gens qui réussissent, mais c'est beaucoup plus productif de t'en inspirer pour que toi aussi, tu parviennes à remplir tes objectifs.

En adoptant ce *mindset*, tu pourras non seulement t'épanouir dans ce que tu fais, mais surtout, tu t'ouvriras au monde. C'est ainsi que tu trouveras ta voie, et c'est ce qui te motivera pour attaquer la deuxième partie : les outils pour progresser et apprendre des choses seul !

2.
LES OUTILS POUR APPRENDRE SEUL

Internet ne sert pas seulement à aller sur les réseaux sociaux, il regorge d'outils pour découvrir des choses et acquérir des compétences... La majorité des artistes, entrepreneurs ou influenceurs à succès l'ont bien compris.
On va passer en revue les meilleurs outils pour apprendre sur tous les sujets possibles.

Les vidéos Youtube
Sur Youtube, on trouve des chaînes sur un nombre de sujets inimaginable ! Tu pourras à la fois en savoir plus sur des sujets *WTF* ou bien regarder des sujets expliqués de manière simplifiée. Si tu manques d'inspiration, fais un tour sur la chaîne Youtube HacktonBac pour voir quels sont les contenus préférés de la communauté.

Les MOOC

Les MOOC (*Massive Open Online Courses*) sont des formations en ligne, gratuites, sur tous les sujets possibles : du journalisme à la programmation informatique, en passant par la médecine... Généralement, ce sont de bonnes formations réalisées par des experts : des grands chercheurs, des professeurs d'Harvard ou de Stanford, bref, des gens qui savent de quoi ils parlent. Il existe beaucoup de sites qui proposent des MOOC. Mon préféré : **Coursera,** ce site te permet d'accéder gratuitement aux cours des meilleures universités du monde. C'est en anglais mais tu peux mettre des sous-titres, et au moins ça te permettra d'améliorer ton niveau en langue.

Les autres :

- **Wikihow** est un site où l'on peut apprendre à faire à peu près tout et n'importe quoi. C'est une sorte de grand manuel d'instruction, collaboratif de la même manière que Wikipédia, où tu pourras apprendre à rapper, à faire le grand écart, ou encore à prendre soin de ton animal domestique.

- **Quora** est un site qui permet d'apprendre et de partager ses connaissances, sur à peu près tous les sujets possibles. Pose ta question ou navigue à travers les questions-réponses déjà existantes pour trouver ton bonheur.

- **TED** est un super site pour visionner des conférences ultra stimulantes. Tu pourras en savoir plus sur des sujets variés. Encore une fois, la majorité des personnes qui réalisent des TED sont expertes de leur sujet et passionnées, donc passionnantes !

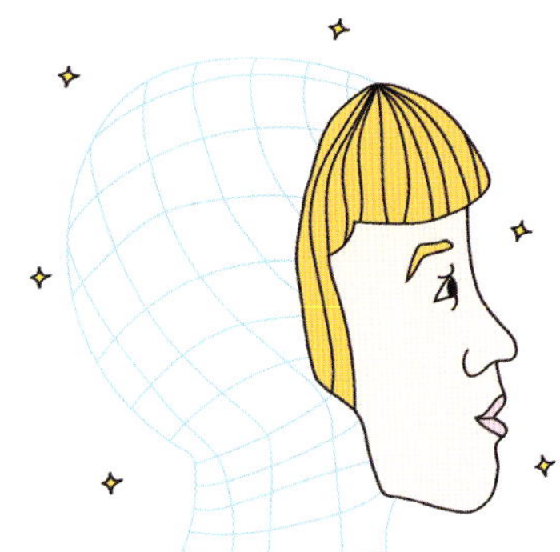

Sur hacktonbac.com, la communauté partage avec toi tous les meilleurs sites pour apprendre seul !

3.
SORS DE CHEZ TOI !

Pour apprendre des choses, il n'y a pas qu'Internet, évidemment. Rencontrer de nouvelles personnes, te balader ou voyager t'apprendra beaucoup sur le monde. Les voyages ont ça de magique qu'il y a toujours de l'imprévu. Des rencontres, des aventures inoubliables, sont un super moyen de s'épanouir et de mieux se connaître.

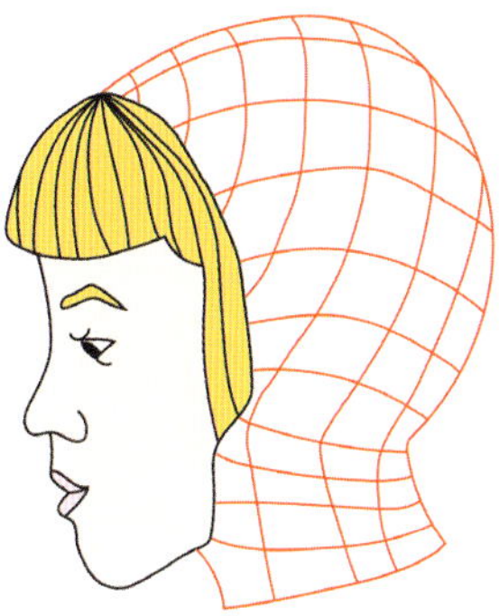

Voici quelques initiatives pour réaliser des expériences uniques :

- **Zellidja** est une association qui offre des bourses aux moins de vingt ans. Il faut avoir un projet de voyage sur un thème précis et s'engager à rendre, à la fin de son séjour, une création et son journal de bord. Zellidja n'accepte que les voyageurs seuls. Le but est de repousser notre zone de confort en laissant tout ce qui nous rassure à la maison.

- **Vawaa** est un site qui recense des séjours dans le monde entier avec des artistes variés (potiers, sculpteurs, photographes, dessinateurs). Le but est de passer quelques jours chez un artiste pour qu'il nous transmette son art.

- **Le *Woofing*** est une pratique très répandue. Elle permet d'être logé et nourri chez un exploitant agricole gratuitement, mais en échange, il faut retrousser ses manches et l'aider dans son exploitation. Il peut s'agir de faire la cueillette de fruits, du bricolage, du jardinage… On a bien sûr du temps libre, et on peut en profiter pour partir explorer les alentours.

POUR CONCLURE

Réfléchis à toutes les choses que tu pourrais apprendre, pour ton plaisir. Si tu te sens frustré à l'école et que tu t'ennuies, c'est un très bon moyen d'échapper à cette routine. Et puis de toute façon, si tu veux trouver ta voie, il faut bien que tu passes par une phase d'exploration !

#true story

En première, Ayoub se déscolarise parce qu'il ne voyait plus l'intérêt d'aller en classe. Cela faisait des années qu'il avait pris l'habitude d'assouvir sa curiosité en apprenant des choses seul sur Internet. Entre la programmation informatique, la création de communautés sur les réseaux sociaux et même le piano, il n'a pas eu le temps de s'ennuyer ! Des compétences qui, non seulement l'épanouissent, mais lui permettent aujourd'hui d'avoir un emploi bien payé.

#hack

Apprends à observer tes pensées négatives : quand ta petite voix intérieure te dévalorise, ou te compare aux autres, amuse-toi de voir à quel point ton esprit te joue des tours. Ne te juge pas durement, ce serait pire que tout. Contente-toi d'y faire attention et tu verras : tes pensées négatives diminueront !

Laisse ta curiosité te guider quand il s'agit d'apprendre de nouvelles choses. **Sois ouvert aux découvertes** et saisis les opportunités qui se présentent à toi.

Internet est ton meilleur allié.
Il te permet de découvrir des choses étonnantes, ou de préparer des projets uniques.

conclusion
m'épanouir

Travailler sur ses habitudes mentales
n'est pas une mince affaire.
C'est super que tu commences aujourd'hui,
ça va changer ta vie. Et n'oublie pas :
apprendre est le meilleur moyen
de trouver sa voie. Au prochain niveau,
on s'attaque à l'orientation, la vraie.
BE READY !

NEXT

“

**TU ES NÉ AVEC DU POTENTIEL.
TU ES NÉ POUR LA BONTÉ
ET LA CONFIANCE.
TU ES NÉ AVEC DES IDÉAUX
ET DES RÊVES.
TU ES NÉ POUR ACCOMPLIR
DE GRANDES CHOSES.
TU ES NÉ AVEC DES AILES.
TU N'ES PAS FAIT
POUR RAMPER,
ALORS NE LE FAIS PAS.
TU AS DES AILES.
APPRENDS
À LES UTILISER
ET ENVOLE-TOI.**

”

DJALĀL RÛMÎ, POÈTE

HUMAIN
Dompter sa flemme
eur
tion
nation

NIVEAU 3

Mes félicitations, arriver jusqu'ici n'était pas des plus aisé… Tout va te sembler simple maintenant ! Dans ce niveau, on s'attaque à la procrastination. D'abord, je t'explique comment ça marche, ensuite, comment lutter contre. Je proposerai aussi des techniques pour apprendre par cœur et, pour donner un sens à tous ces efforts, on abordera l'orientation post-bac. C'est sûr, la partie, tu vas la gagner.

la procrastination

La procrastination, cette tendance que tu as à repousser toujours au lendemain une chose que tu dois faire et qui te semble insurmontable ! Pour mettre un terme à cette sensation désagréable, ton cerveau va tout faire pour te déconcentrer. Et c'est comme ça que tu te retrouves à faire un tour sur les réseaux sociaux ou tout simplement à regarder par la fenêtre… Je t'explique les raisons (et les solutions) juste en dessous.

UNE QUESTION D'HABITUDE

Voici comment la procrastination fonctionne :

1.
Le signal
La procrastination se déclenche quand tu rencontres une difficulté, ou quand tu te mets en tête que tu es incapable de réaliser une tâche. Souvent, ce sont des habitudes inconscientes : tu ne te rends pas compte que tu as commencé à procrastiner. Par exemple quand tu cherches une information sur Internet et que tu te mets à traîner sur les réseaux sociaux, ou bien quand tu reçois un message « important » qui te donne envie de faire un tour sur Instagram, puis sur Snapchat, puis de nouveau sur Insta...

2.
La routine
Dès que ton cerveau reçoit un signal de déconcentration, il entre automatiquement dans sa routine. Plutôt que faire tes devoirs, tu commences à rêvasser. C'est précisément ici que tu vas devoir te concentrer à 200 % pour stopper cette habitude. La clé pour t'en défaire, c'est d'avoir un plan, un rituel qui t'empêche de sombrer dans la procrastination (je t'explique en détail juste après).

3.
La récompense
Quand tu procrastines, ton cerveau a l'impression que tu te fais du bien. Pourtant, il existe des récompenses bien plus satisfaisantes qu'un tour sur son téléphone ! Si tu donnes à ton cerveau l'habitude de recevoir une récompense en échange d'un effort, travailler sera nettement plus simple. Fais en sorte de gratifier ton labeur par de petites choses, comme manger une douceur ou regarder une vidéo Youtube.

4.
La croyance
Souvent, quand on procrastine, c'est parce qu'on se sent incapable de réussir, et ça nous bloque. C'est pourquoi le facteur le plus important pour changer ton habitude de procrastinateur, c'est de croire en toi ! Quand tu es stressé, c'est plus simple de retourner dans une bonne vieille habitude en te disant que tu ne changeras jamais. C'est pour ça que tu dois croire profondément que ton nouveau système de travail fonctionne.

#true story

Remarquable procrastinatrice à son plus grand désespoir, Ophélie ne savait pas comment faire pour se mettre au travail. C'était plus fort qu'elle, et elle culpabilisait, tout en ne sachant pas comment s'y prendre. Maintenant qu'elle a compris que tout repose sur des mauvaises habitudes qu'elle a développées avec les années, elle a changé certaines de ces habitudes. Par exemple, elle met son tél en mode avion et loin d'elle quand elle décide de se mettre au travail. Et cela a été une vraie révolution ! Depuis, elle arrive plus facilement à se concentrer, et elle met beaucoup moins de temps à faire ses devoirs.

#hack

Change d'environnement
entre les moments de travail et de détente.
De cette manière, ton cerveau
sait inconsciemment dans quel mode
il doit se mettre.

En te récompensant quand tu réussis,
ton cerveau crée de la dopamine (hormone du plaisir).
C'est elle qui fera que ton cerveau ancre
une nouvelle habitude. Donc n'oublie pas :
une fois ton travail terminé,
accorde-toi des moments de détente.
Il est important de kiffer son repos,
une fois mérité.

Pour ne pas te décourager, **trouve-toi un coéquipier,**
à la fois pour te challenger et te remonter le moral !
Ou bien **note dans un carnet tes difficultés**
et réussites pour voir ta marge de progression.

conclusion mon fonctionnement

Si tu lis ces lignes, c'est que tu es venu au bout du chapitre de ton fonctionnement du niveau 3. Bravo ! Savoure ce moment avant de passer à la suite.
Mange un biscuit, va faire un tour, puis découvre comment vaincre la flemme.
À tout de suite.

NEXT

“

JE SUIS UN SUPER PARESSEUX AUJOURD’HUI. C’EST COMME ÊTRE PARESSEUX, MAIS JE PORTE AUSSI UNE CAPE.

”

BILL MURRAY, ACTEUR

dompter sa flemme

Il est parfaitement normal de ressentir des émotions négatives quand on commence une session de travail. L'important, c'est la manière dont on gère ces émotions. Il existe des outils mentaux qui t'aideront à être motivé. Par exemple, l'autopersuasion : si tu te convaincs que tu es capable de réussir, la tâche semblera nettement moins difficile. Après tout, traîner sur son portable te rend heureux temporairement, certes, mais au final, tu culpabilises, parce que le DM que tu dois rendre demain, lui, n'a pas avancé…

1.
UNE MANIÈRE DE VOIR LES CHOSES

Si tu as tendance à repousser les tâches qui te déplaisent, il faut changer la manière dont tu perçois ton travail afin que ça soit plus facile de t'y mettre. La technique ? Te concentrer sur le *process* et non le produit.

- **Le *process*,** c'est le fait de déstructurer ton travail en plus petits objectifs et de te concentrer sur ces étapes plutôt que sur ton devoir final. C'est te dire : « Tous les jours, je travaille pendant 30 minutes », jusqu'à ce que tu viennes à bout de ce devoir, et tout en ayant la satisfaction de remplir tes objectifs à mesure.

- **Le produit,** c'est ton devoir dans sa globalité et ce qu'il implique : une montagne de travail, une mauvaise note si tu n'y arrives pas, etc. C'est très difficile de réaliser un gros DM d'une traite, car on ne sait pas par où commencer. Se dire : « Il faut que je fasse aujourd'hui ma dissertation de philo » provoque la procrastination, c'est pourquoi il faut que tu arrêtes de te focaliser sur la tâche globale que tu as à faire, et que tu te concentres plutôt sur tes objectifs plus facilement réalisables.

Autre exemple. Tu n'aimes pas faire tes devoirs de physique, donc quand tu as un DM à rendre, tu préfères te dire : « Ce n'est pas grand-chose » et t'y mettre à la dernière minute – même si dans ton for intérieur tu sais que ce devoir va te prendre beaucoup de temps. C'est toujours plus simple de vivre dans un monde imaginaire où ce DM peut être réalisé au dernier moment.

Penser au produit, à savoir « faire le DM de physique », c'est précisément ce qui te donne envie de procrastiner. Alors que, si tu t'obliges à travailler chaque jour une demi-heure et à décomposer les choses à faire dans ton devoir, tu auras moins de stress sur tes épaules. Pendant ces 30 minutes quotidiennes, tu vas te concentrer et donc être très productif ! Ce devoir va peut-être te prendre quelques jours, mais personne n'a dit que tu devais le finir en une seule session de travail. En faisant tes devoirs petit à petit, tu verras, c'est beaucoup plus facile d'en venir à bout. En plus, tu feras un meilleur devoir puisque ton cerveau travaille en arrière-plan, notamment pendant que tu dors. Pour mettre en place des courtes plages de travail qui ne soient pas trop relou à effectuer, il existe une méthode assez magique qu'on appelle *pomodoro* !

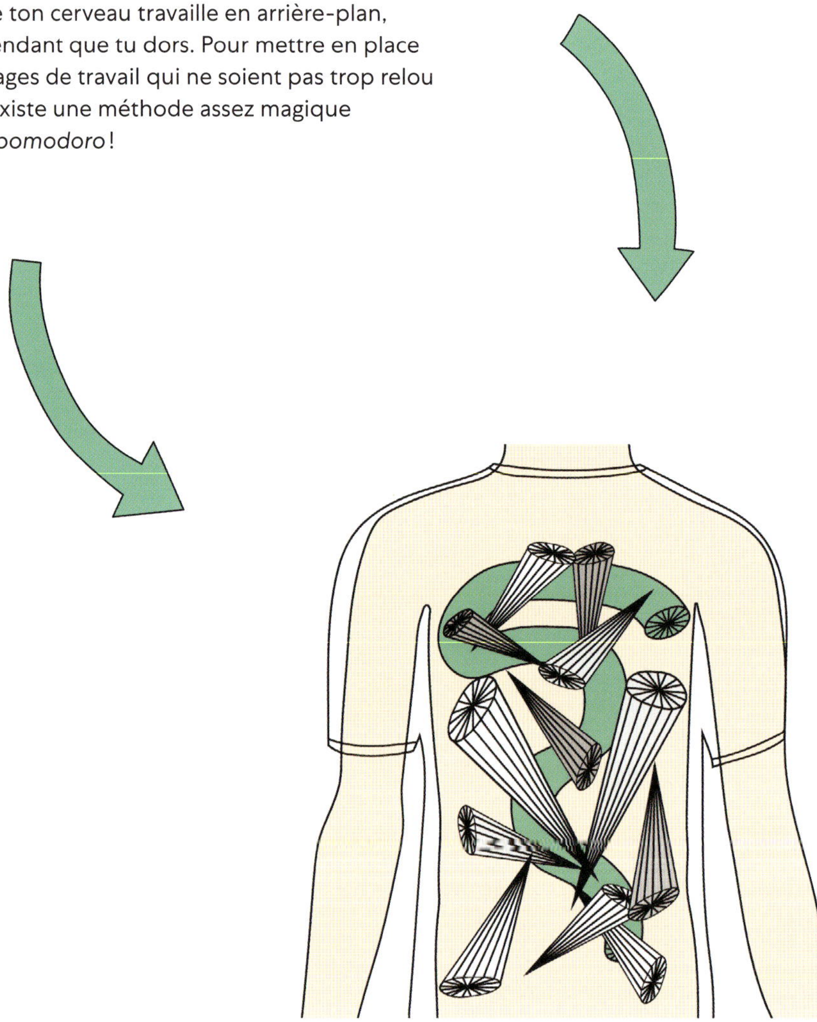

2.
LA MÉTHODE *POMODORO*

Pomodoro signifie tomate, en italien. Le nom vient du fait que l'on a besoin d'un minuteur pour la mettre en place et qu'à l'époque, ils étaient souvent en forme de tomate (je suis d'accord, ils ne se sont pas beaucoup creusé la tête...). Bon, le minuteur de ton téléphone fera aussi très bien l'affaire, sauf si tu as tendance à te laisser déconcentrer par ce dernier !

Le but est de fragmenter ton travail en séances courtes, qui te permettront de faire des pauses régulières et d'être toujours au top de ta concentration.

Voici comment la mettre en place :

1.
Choisis un environnement éloigné de toute distraction et installe-toi sur un bureau. Place un minuteur pour 25 minutes de travail.

2.
Quand ça sonne, prends une pause de 5 minutes que tu chronomètres également. C'est le moment de souffler, de faire quelques étirements, de regarder une vidéo sur Youtube... Mais surtout, ne te laisse pas emporter par ta flemme et remets-toi au travail quand ça sonne.

3.
De nouveau, c'est parti pour 25 minutes de travail. On ne lâche rien ! Puis de nouveau 5 minutes de pause... ainsi de suite. Si tu as beaucoup de travail, tu peux faire un cycle de 4 séances de 25 minutes coupées par les pauses de 5 minutes, puis te laisser une pause de 30 minutes au bout de ce cycle, avant de reprendre.

#true story

Comme Pierrick est bon à l'école, il ne s'est jamais interrogé sur sa manière de travailler. Mais passionné de sport, il adore être dehors et ferait tout pour passer moins de temps derrière son bureau. Depuis qu'il a mis en place la méthode *pomodoro* et qu'il s'organise pour travailler un peu chaque soir, sa moyenne a augmenté de 2 points, et surtout, il a beaucoup plus d'heures libres pour s'entraîner au foot. Rien que ça !

#hack

Fixe-toi des objectifs par plage de 25 minutes, par exemple réviser telle fiche, faire tel exo de maths… Et si tu termines la tâche avant la fin du temps imparti, revois en profondeur la notion que tu viens de travailler.

Pour ne pas te retrouver à faire une pause de 15 minutes, **il faut que tu saches précisément ce que tu vas faire** pendant celle-ci et que tu te chronomètres.

Bloque-toi des horaires de travail (pour savoir comment faire, jette un œil à « être organisé », page 148) **et parle de tes objectifs** à ton coéquipier ou à tes parents. Une fois dit, c'est plus difficile de se trouver des excuses pour ne pas s'y mettre.

Avant de te mettre au travail, coupe-toi de toutes les distractions possibles. Ça a l'air simple mais c'est difficile, car une partie de nous fait tout pour se laisser distraire.

Aie conscience que ne plus procrastiner prendra du temps. Au début, ne te dis pas : « Je ne vais plus jamais procrastiner », mais « Je ne vais pas procrastiner tel jour de telle heure à telle heure ». **Fixe-toi régulièrement des plages plus longues** pour continuer à progresser.

apprendre par cœur

À l'école, il arrive que l'on te demande d'apprendre des choses par cœur.
La *chunk* méthode que l'on a vue au niveau précédent va t'être utile pour comprendre des choses et donc les retenir.
Voici maintenant les outils pour apprendre des théorèmes, des dates ou des définitions.
Ils te seront aussi utiles pour stimuler ton cerveau, ce qui, tu commences à le savoir, renforce les connexions neuronales et donc favorise la mémorisation.
Nous avons tous une mémoire de travail différente, mais nous sommes tous capables d'apprendre avec de la volonté.
C'est parti !

1.
LES FICHES

La fiche est particulièrement profitable à ceux qui prennent des notes en cours : cela permet de mettre au propre une leçon, de visualiser les points-clés, et les réécrire aide à les mémoriser. En plus d'apprendre à faire des fiches pratiques, tu vas découvrir comment ajouter des métaphores qui faciliteront ton apprentissage.

Comment faire une fiche ?

- Choisis et note sur ton cahier de cours le code couleur que tu choisiras pour toutes tes fiches.
- Reprends ta leçon et tes notes. Dans les cours du prof, repère les titres, les sous-titres, les mots en gras… Ils doivent apparaître de manière évidente dans ta fiche.
- N'hésite pas à utiliser des abréviations si ça te permet d'écrire plus vite.
- Ajoute des métaphores : elles permettent de connecter ce que tu connais déjà avec le concept que tu es en train d'apprendre. Cela permet aussi de comprendre plus rapidement un concept complexe. Plus ta métaphore est étrange, plus tu la mémoriseras. Note-la ou dessine-la sur ta fiche, à côté du concept qui lui est associé.

Exemple de la métaphore du train

Ici, chaque wagon représente un élément décisif qui a permis la création du parti socialiste allemand. La locomotive est menée par Ferdinand Lassalle, le fondateur d'un des premiers partis ouvriers en Allemagne, qui mena à la création du premier parti socialiste des ouvriers allemands (SAP).

#hack

Insiste, grâce à des couleurs, sur les dates, chiffres et personnages importants.

Note avec tes propres mots les définitions que tu apprends : si tu es capable de les reformuler, c'est que tu les as correctement comprises.

Les titres doivent résumer le contenu des parties. N'hésite pas à les reformuler avec tes propres mots également.

Cela peut être pratique de **faire ses fiches sur un ordinateur,** surtout si on les partage avec des camarades ensuite. L'inconvénient, c'est qu'on retient moins en tapant sur un clavier qu'en écrivant à la main.

2.
LE *MIND MAP*

« Carte mentale » en français, le *mind map* est une manière simple de ficher les cours et d'avoir une vue globale de ce que l'on apprend. C'est un outil de mémorisation très efficace car il permet d'organiser l'information de manière similaire à la structure de notre cerveau. Cette technique sollicite notre esprit de synthèse et permet ainsi de retenir l'essentiel. Ce qui est génial avec cette technique, c'est qu'en réalisant ton *mind map*, tu commences déjà à apprendre ton cours.

Comment élaborer un *mind map* ?

1. Place ton sujet au centre de ta feuille. C'est le noyau central.

2. Ajoute, sous forme de branches, les rubriques principales liées au sujet. Utilise le minimum de mots pour les nommer.

3. Tu peux ajouter des rameaux aux branches : ce sont les sous-thèmes des rubriques. Tu peux créer autant de rameaux que tu le souhaites, du moment que tu es synthétique et que ton *mind map* reste lisible.

Exemple d'un *mind map*

En blanc : le noyau (sujet) / En bleu : les branches (thèmes principaux).
En beige : les rameaux (sous-thèmes).

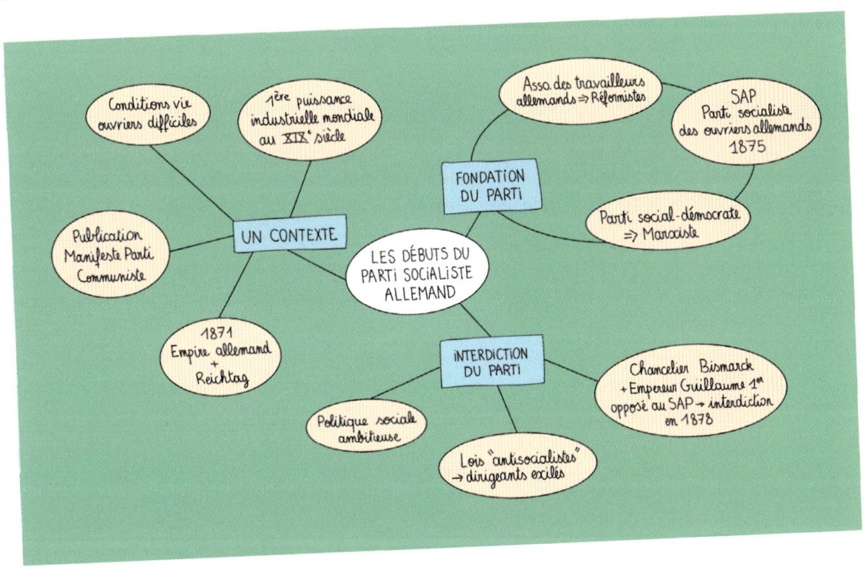

#hack

Utilise des crayons de couleur et place ta feuille en format paysage pour avoir plus de place.

Varie la taille du texte et les couleurs pour rendre ton *mind map* agréable à revoir.

Il existe des sites Internet qui permettent de créer un *mind map*, mais **je te conseille de le réaliser à la main** car, comme pour les fiches, l'écriture à la main facilite l'apprentissage.

3.
LA TECHNIQUE DU PALAIS

La « technique du palais » associe les choses dont tu dois te souvenir à des objets placés dans un endroit que tu connais bien, ta maison par exemple. L'efficacité de cette technique a été prouvée scientifiquement : elle change la structure de notre cerveau et améliore notre mémoire. Elle est aussi très simple à mettre en place, une fois qu'on a pris l'habitude de l'utiliser !

Comment utiliser cette technique ?

1.
Avant toute chose, visualise et retiens parfaitement l'itinéraire de ton « palais ». Si tu choisis de te souvenir de ta maison, par exemple, commence par la porte d'entrée. Visualise-toi marcher dans ta maison, et trouve pour chaque pièce des éléments qui retiennent ton attention. Choisis des objets qui marquent ton esprit et que tu n'oublieras pas. Numérote-les sur une feuille de papier.

Exemple de palais :
Ma chambre

2.

Décompose le cours que tu dois apprendre en mots-clés. Il peut s'agir de mots présents dans le plan de cours, ou bien de tes propres mots. L'essentiel est qu'ils soient marquants, qu'ils te fassent instantanément penser à une partie précise de ton cours.

Exemple de mots-clés d'un plan de cours d'histoire à propos de la gouvernance économique mondiale de 1971 à 1991

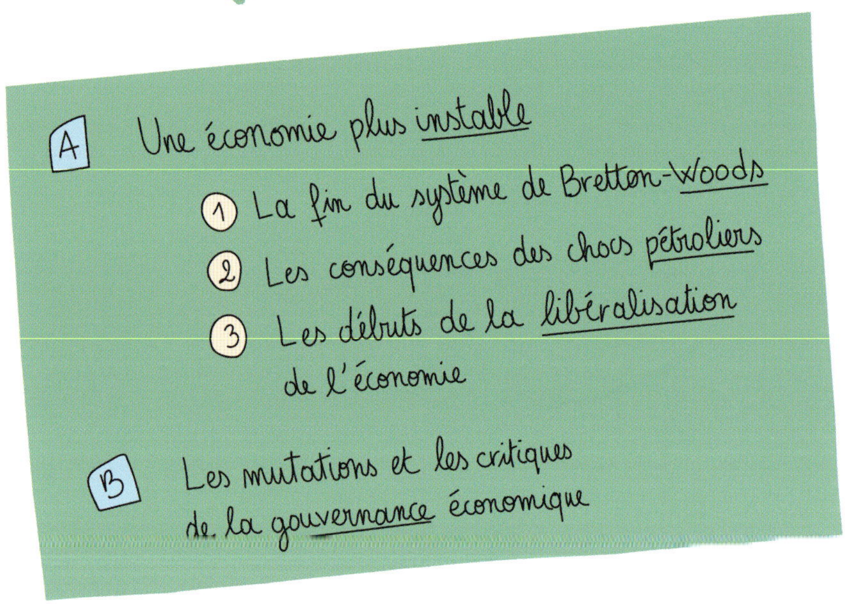

3.
Fais des associations d'idées entre les objets de ton palais et les mots-clés du cours. Il faut que le mot-clé que tu combines avec l'objet devienne une image mentale. Plus l'image est inhabituelle et forte, plus tu la retiendras facilement.

Exemple d'images mentales à partir de l'exemple précédemment proposé

- La première pièce du palais est le hall d'entrée et le mot est "instable". Imagine une porte instable, mal fixée, sur le point de s'effondrer. Au moindre courant d'air, elle s'apprête à te tomber dessus !
- La deuxième pièce est ton lit, que tu dois associer avec "woods". Pense à un lit en bois (wood signifie bois en anglais). Ressens la texture du bois, assure-toi de l'avoir bien observé et passe à la suite.
- La troisième est un cadre avec une photo, et tu dois mémoriser le mot "pétrolier". Pourquoi ne pas imaginer un cadre visqueux, dégoulinant de pétrole, et dont tu n'aperçois quasiment plus la photo encadrée ?

4.
Sur ta fiche, note à côté de chaque objet le mot associé. N'hésite pas à dessiner ou à regarder par la fenêtre pour trouver plus facilement des images mentales : c'est en laissant ton esprit divaguer que tu trouveras les associations les plus étonnantes !

#true story

L'organisation, ça n'a jamais été le truc de Lorenzo… Du coup, pour apprendre, il relisait ses leçons des dizaines de fois, jusqu'à ce qu'il ait l'impression d'avoir retenu quelque chose (et que son cerveau soit en bouillie). Depuis qu'il est devenu actif dans son apprentissage en utilisant la technique du palais, non seulement il apprend ses cours plus vite, mais il a des meilleures notes. Cette technique ne l'aide pas seulement à l'école : dès qu'il doit retenir quelque chose, la liste des courses par exemple, il visualise sa maison et place tous les éléments dont il a besoin de se souvenir dans cette dernière. Méga pratique !

#hack

Imagine que tu es l'objet ou le concept que tu essayes de retenir. À quoi cela ressemble-t-il d'être un atome ? Ou d'être Karl Marx ? N'hésite pas à stimuler ta curiosité en faisant des recherches sur Internet. Cela facilitera ta mémorisation.

Trouve un lien entre le concept à apprendre, et une chose que tu connais.
Le concept va s'ancrer à la chose avec laquelle tu l'associes et va être conservé dans ta mémoire.

conclusion j'apprends à apprendre

Hacker sa procrastination est loin d'être facile ; l'apprentissage par cœur non plus. Toutes les techniques que j'ai proposées ne te correspondent pas. Teste-les et accorde-toi du temps pour progresser. N'oublie pas : ce n'est pas grave de faire des erreurs.

NEXT

orientation

Tu as commencé à développer un *growth mindset*, et tu te tiens prêt à accueillir toutes les opportunités qui sont faites pour toi.
Pour certains, leur orientation est évidente. Ils savent précisément quelles études faire et cela les emplit de joie. Bien d'autres, et tu en fais peut-être partie, n'ont pas encore trouvé leur voie ! Si tu as l'impression de ne pas assez profiter de la vie, si ce que tu fais ne te rend pas heureux, c'est que tu as besoin de trouver l'activité qui t'épanouira.
Je t'aide à te poser les bonnes questions, qui te permettront de choisir ton orientation.

1.
TES APTITUDES

Nos aptitudes sont liées à nos gènes. Ce sont des talents innés qui peuvent, en fonction de notre environnement, se révéler très tôt (tu as le pied marin et tu habites près de la mer), ou au contraire, rester cachés jusqu'à ce que l'occasion de les exprimer se présente. Nos aptitudes se développent uniquement si on les stimule et perfectionne. Cela peut être d'avoir bon goût pour s'habiller, ou d'être très bon aux jeux vidéo, ou encore de faire rire les gens… Tout le monde possède des aptitudes uniques comme le sont nos gènes. Tu ne les connais sûrement pas encore, c'est pourquoi, surtout, ne limite pas tes horizons. Si tu ne tentes rien, tu risques de ne jamais trouver de quoi tu es capable.

Pour prendre conscience de tes aptitudes, réponds aux questions suivantes :

- **Quelles sont les domaines où tu as des facilités ?**
- **Est-ce qu'il y a un domaine où tu as des facilités, mais que tu n'as jamais songé à développer ?**
- **Est-ce qu'il y a certains domaines dans lesquels ton entourage t'a dissuadé de persévérer ?**
- **Comment as-tu pris conscience pour la première fois de l'une de tes aptitudes ?**
- **Selon toi, quelles sont tes forces et tes faiblesses ?**

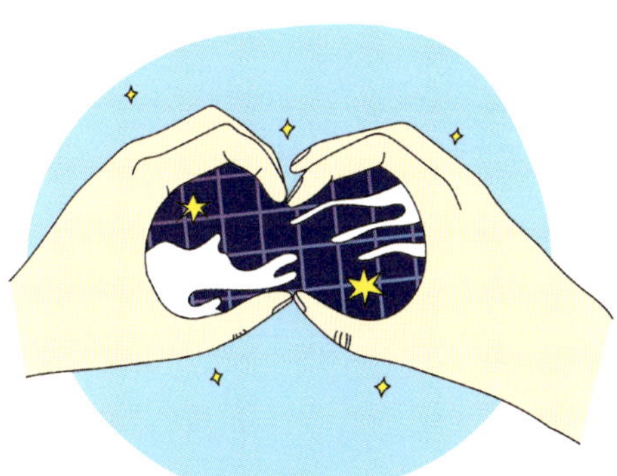

2.
LES CHOSES QUE TU AIMES

Pour trouver son élément, il ne suffit pas de savoir dans quoi on est doué. Il y a sans doute des domaines dans lesquels on réussit mais qui ne nous intéressent pas. Tu trouveras ton élément au croisement de tes aptitudes et de tes passions. Ça tombe bien : quand on aime une discipline, c'est généralement parce qu'on y a des facilités. Observe ce qu'il y a en toi et explore toutes les opportunités que t'offre le monde qui t'entoure. Peut-être penses-tu n'avoir aucune passion ? Beaucoup d'entre nous l'ont cru ! Et pourtant, il y a bien sur terre quelque chose qui te donne envie de te lever le matin. Dépasse ta peur d'échouer ou de te ridiculiser : ce que tu fais, tu le fais pour toi uniquement.

Voici quelques questions qui te permettront de faire la liste des choses que tu aimes ou aimerais faire :

- **Qu'aimais-tu faire quand tu étais enfant ?**
- **Quelles sont les activités qui te font perdre la notion du temps et de ce qui t'entoure ?**
- **Qu'aimerais-tu essayer que tu n'as jamais fait ? Pourquoi ne l'as-tu jamais testé ? Comment concrètement pourrais-tu faire en sorte d'essayer ces activités ?**
- **Quelles sont les activités que tu adorais avant et que tu aimerais refaire ? Qu'est-ce qui t'empêche de réessayer ?**

3.
LÀ OÙ TU EN ES

Nous démarrons tous d'un point différent. Garde en tête que ton histoire est unique. Souviens-toi que tu es maître de ta vie, et que c'est à toi de l'inventer et de la réinventer. Tu es libre de faire les choix qui te correspondent. Cela dit, n'oublie pas qu'on ne peut pas planifier sa vie. Tu peux essayer de prévoir ce que tu feras dans les prochaines années, mais il est impossible d'imaginer ce qu'il se passera dans dix ans. Si tu acceptes cela, tu pourras saisir les opportunités qui croiseront ton chemin. On ne peut pas changer le passé, mais on peut influencer l'avenir. C'est pourquoi l'essentiel est de te concentrer sur ce que tu peux faire, là, tout de suite, pour améliorer ton quotidien.

Avant de chercher ton orientation, fais un bilan sur tes ambitions et projets :

- **Que ferais-tu (un métier, un projet…) s'il n'y avait aucune contrainte ni échec possible ?**
- **Quels sont les principaux obstacles qui t'empêchent de réaliser ton rêve ? Que devrais-tu faire pour les surmonter ?**
- **Que se passerait-il si tu ne réussissais pas à surmonter ces obstacles ?**
- **Est-ce que ton entourage s'oppose à ton projet ? En es-tu certain ? As-tu essayé de leur expliquer pourquoi ce projet te tient à cœur ?**

4.
LES PROCHAINES ÉTAPES

Ce que tu choisis en post-bac ne définira pas la vie que tu auras. Il est toujours possible de se reconvertir. En revanche, dans toutes les grandes étapes de ta vie, tu auras besoin d'avoir confiance en toi et en tes intuitions.

Alors, concrètement, tu te demandes vers quoi te diriger après le bac ? Tu as trois options :

L'année sabbatique
Si tu ne sais pas ce que tu as envie de faire après le bac, cette option est faite pour toi. L'année sabbatique consiste à prendre un an pour voyager, effectuer des missions humanitaires, lancer ses propres projets, étudier un sujet qui te passionne, faire un stage en entreprise...
Cette pratique permet à la fois de gagner en maturité (en vivant de nouvelles expériences), mais aussi de trouver notre parcours universitaire ou professionnel.
Elle ne t'empêche pas de reprendre les études par la suite, au contraire, tu seras sans doute bien plus motivé car tu sauras pourquoi tu as choisi cette filière et tu essaieras d'en tirer le maximum d'apprentissage.

Les études
Si tu es sûr du domaine dans lequel tu veux exercer, alors lance-toi dans les études après ton bac.
Prends le temps de comparer les différents cursus possibles et leur localisation : tu t'engages pour quelques années, alors examine chaque paramètre. Renseigne-toi aussi sur les cursus qui sont professionnalisants et/ou alternatifs, comme les écoles pour apprendre la programmation informatique ou encore les écoles de design.
Ce n'est pas parce que ce sont des établissements non académiques qu'ils sont moins bien !

Le travail
Travailler directement après son bac, et pourquoi pas ?
Si cette option est encore dévalorisée, elle comporte pourtant de nombreux avantages. Si l'école n'a jamais été ton truc, que tu es autonome et déterminé à progresser, alors ce choix peut te permettre d'accéder rapidement à la carrière qui te plaît. La majorité des compétences dont tu as besoin pour devenir commercial, programmeur ou entrepreneur s'apprennent mieux sur le terrain et Internet.
L'aspect financier peut aussi être une raison de ne pas poursuivre d'études. Et si un jour tu changes d'avis et tu souhaites faire des études, rien ne t'en empêchera.
Tout comme pour l'année sabbatique, reprendre les études après une ou plusieurs années de pause donne une motivation énorme, une fois de retour à l'école.

Pour vérifier que tu as fait le bon choix,
réponds aux questions suivantes :

- **Quelles sont tes aspirations pour les trois prochaines années ?**
- **Qu'aimerais-tu réaliser ? Et comment, concrètement, atteindre ces objectifs ?**
- **Connais-tu, en détail, le cursus que tu as choisi ? T'es-tu renseigné auprès de personnes qui poursuivent cette voie ?**
- **Est-ce que c'est toi qui as choisi ce cursus, ou t'es-tu laissé convaincre par une personne de ton entourage (famille, amis, professeurs...) ?**
- **Si tu souhaites réaliser une année sabbatique ou travailler, est-ce que tu sais comment t'y prendre, afin de ne pas te retrouver sans rien pendant un an ? As-tu fait des recherches sur Internet ?**

POUR CONCLURE

Le choix de la voie que tu poursuivras après ton bac t'appartient. Ne laisse personne décider à ta place. Peut-être que ton choix ne sera pas le métier que tu exerceras pendant les quinze prochaines années, mais cela n'a pas d'importance. Tout se rattrape, les reconversions sont possibles. En revanche, si tu laisses quelqu'un te convaincre de faire un tel choix à ta place, tu n'auras jamais plus le courage de te révolter. Sois courageux, suis ton cœur et tu verras que tu finiras par trouver pour quoi tu es fait !

#true story

Gandhi s'était à l'origine dirigé vers le métier d'avocat. Pendant ses études en Angleterre, il s'intéressa aux différentes religions et au message de non-violence qu'elles transmettent, ainsi qu'à l'organisation de groupes d'activistes. Même s'il avait déjà œuvré pour les droits de l'Homme en tant qu'avocat, ce n'est qu'à la fin de sa vie qu'il a commencé à avoir une véritable influence en Inde, qui lui a valu sa renommée à travers le monde. La vie est faite de surprises et de nouveautés, et Gandhi fait partie de ces personnes qui ont su rester fidèles à leurs valeurs tout en saisissant des opportunités.

#hack

Détermine tes valeurs, les qualités que tu trouves les plus importantes chez un être humain. Il est essentiel que la voie que tu choisis soit alignée avec tes valeurs.

Liste les personnes qui t'inspirent au quotidien. Ça peut être Nelson Mandela, Beyoncé ou ton grand-père. Lis leur biographie, tu te rendras compte que la majorité d'entre eux ne sont pas nés avec une cuillère en argent dans la bouche, et qu'ils ont tous beaucoup travaillé. Cela te motivera !

Contacte les personnes qui poursuivent le même cursus que toi, demande-leur de te raconter ce qu'ils font pendant la journée et les difficultés qu'ils rencontrent. Ça te permettra de vérifier, à partir de ces témoignages, si cette voie est faite pour toi.

Note les réponses à toutes ces questions dans un carnet. Écrire permet de prendre du recul, et garder une trace t'aidera à mesurer ta progression. Ouvre ton cœur à la feuille.

conclusion
m'épanouir

●●●○○

Si tu as eu du mal à répondre aux questions,
ce n'est pas grave. Il arrive d'être partagé,
mais c'est important que tu y réfléchisses,
car il ne faut pas y aller au hasard !
Quel que soit ton choix post-bac,
cela se prépare.

NEXT

« EST-CE QUE TU RÊVES D'AVOIR DES RÊVES ? NE CRAINS PLUS LES DÉFAITES. LES AS-TU CRUS QUAND ILS TE DISAIENT QUE TOUTES LES LUTTES ÉTAIENT VAINES ? »

NEKFEU, RAPPEUR

NIVEAU 4

Arriver jusque-là n'a pas dû être facile, mais ça fait plaisir de t'avoir toujours parmi nous. N'oublie pas de te reposer de temps en temps tout de même ! Dans cette partie, on va voir le fonctionnement de la concentration, pour mieux la maîtriser. On s'attaque également à la mise en place de plannings et d'objectifs. Pour finir, on s'intéressera à l'art et la manière de développer notre individualité. Cela revient à construire une grande maison, un peu biscornue parfois, au fil des expériences et apprentissages.

prendre soin de soi

De nombreuses études scientifiques prouvent que bien manger et dormir suffisamment améliorent les capacités de mémorisation et de concentration. Cela permet également d'affronter une charge de travail plus importante que d'habitude, comme pendant des examens.
OK, ce n'est pas forcément ce qu'il y a de plus stylé, de prendre soin de soi, mais je t'assure que c'est essentiel pour vivre sans stress. Voici quelques conseils qui t'aideront à prendre soin de ton corps et de ton cerveau.

1.
L'IMPORTANCE DU SOMMEIL

Le sommeil joue un rôle essentiel dans l'acquisition de nouvelles connaissances. Sais-tu ce que fait ton cerveau pendant les heures que tu passes à dormir ? Il consolide et classe les informations que tu as vues pendant la journée dans ta mémoire à long terme. En résumé, moins tu dors, moins tu mémorises. La veille d'un examen, il vaut donc mieux se coucher tôt, quitte à moins réviser, plutôt que d'empiéter sur son temps de sommeil.

Dormir suffisamment est aussi une bonne pratique à combiner avec les méthodes de travail que l'on a vues ensemble. Si tu n'es pas fatigué en classe, tu peux être attentif (plutôt que dormir sur ton bureau), prendre des notes et déjà, apprendre tes leçons pendant les heures de cours. Ce qui veut aussi dire nettement moins de devoirs à la maison. Pour finir, dormir te permet de réduire ton stress et tes sautes d'humeur. Alors ne fais plus l'impasse !

Si tu as du mal à t'endormir, cela peut être dû à plusieurs raisons. Un premier bon réflexe est d'éteindre tous les écrans. Ils produisent une lumière bleue qui fait croire à ton cerveau qu'il fait encore jour. Du coup, si tu as du mal à décrocher de ton tél le soir, mets un réveil à l'heure à laquelle tu dois te coucher et impose-toi de mettre ton téléphone en mode avion à cette heure-là.

Si c'est parce que tu n'arrives pas à mettre ton cerveau sur *off*, c'est sûrement que tu es préoccupé par quelque chose. Je te conseille de faire des exercices de respiration dans ton lit (sophrologie) ou d'essayer l'hypnose.

2.
L'INTÉRÊT DE BIEN TE NOURRIR

Pour fonctionner, notre cerveau utilise environ 20 % de la nourriture que nous ingérons. Si tu fais attention à ton alimentation, il sera donc beaucoup plus performant ! Le cerveau a besoin de vitamines, d'antioxydants et de fibres (présentes dans les fruits et légumes), de protéines (présentes dans les viandes et les légumineuses comme les lentilles, les pois chiches...), d'acides gras comme l'oméga 3, parmi les essentiels. Tu peux consommer de tout, du moment que tu ne fais pas d'excès. Par exemple, on peut être en bonne santé en mangeant régulièrement de la viande, mais pas plus de deux à trois fois par semaine. C'est pareil pour toutes les autres bonnes choses, genre les sodas...

Il est aussi essentiel d'être suffisamment hydraté. L'eau est indispensable pour faire fonctionner ton cerveau. Même si tu n'as pas soif, oblige-toi à boire à toutes les heures, et bois au total 1,5 litre d'eau chaque jour. C'est une règle simple et ça va changer ta vie. En plus, boire de l'eau quand on est un peu endormi, en classe par exemple, permet de se réveiller d'un coup ! Hyper pratique.

3.
SE FAIRE PLAISIR

S'il est important de s'efforcer de manger équilibré et dormir suffisamment, il est tout aussi important de se faire plaisir. Accomplis des activités qui te permettent de sortir de la routine et de penser à autre chose qu'aux cours/les parents/les révisions du bac. Cela peut être du sport certes, mais aussi des activités artistiques, manuelles, ou encore les jeux vidéo. Il ne faut pas en abuser mais il ne faut pas t'arrêter de pratiquer ces activités parce que cela te laisserait moins de temps pour faire tes devoirs. Au contraire, si le rythme s'intensifie en cours, tu as d'autant plus besoin de te relaxer.

Pour finir, prends un instant, le soir au moment de te coucher par exemple, pour faire le point sur ta journée et les émotions que tu as ressenties. Essaye de te souvenir des instants de joie qui t'ont traversé, et si tu ressens des tensions, essaye de comprendre pourquoi et fais quelques étirements (en plus, c'est trop agréable).

#true story

Le jeune Brendan Brazier rêvait de participer à des compétitions de triathlon. Il s'entraînait pendant des heures à ce sport, en imitant la manière traditionnelle de le pratiquer. Il s'est alors rendu compte que, dans la préparation d'un athlète, il y a certes l'entraînement, mais aussi la récupération. Il y a accordé plus d'importance, notamment en expérimentant un régime alimentaire susceptible de le rendre encore plus performant. En étant à l'écoute de son corps, il a réussi à déterminer les aliments qui lui font du bien. Dix-sept ans après le début de son activité de sportif professionnel, il est aussi devenu un entrepreneur à succès en lançant sa gamme de produits et de livres pour les sportifs végétariens. En cherchant son bien-être, il a réussi dans sa carrière de sportif et d'entrepreneur.

#hack

Prendre un bain chaud, te relaxer,
boire un verre d'eau avant de te coucher...
te permettra de mieux dormir.

Il faut boire environ 8 verres d'eau par jour
pour être en bonne santé. Compte-les
et assure-toi de boire ton quota journalier.

Si tu as du mal à te lever le matin,
au moment où ton alarme sonne,
bois un verre d'eau cul-sec. Tu verras,
en quelques minutes, tu te sentiras mieux
et plus éveillé car, si tu traînes le matin,
c'est aussi parce que tu es complètement
déshydraté (8 heures sans boire,
c'est vachement long !).

Pour trouver une activité qui te plaît,
liste celles que tu aimerais essayer
et effectue des cours d'essai dans chacune d'elles.
Choisis-en une où le prof t'inspire
et où tu passes du bon temps.

Les soirs où tu en ressens le besoin,
écris dans un journal ou dans ton tél
le débrief de ta journée. Ça fait du bien
de pouvoir mettre par écrit ses émotions,
ça permet de mieux les comprendre
et de prendre du recul.

“J’AIME PAS TROP DORMIR, CAR MES RÊVES SONT MOINS BIEN QUE LA VIE QUE JE MÈNE.”

BIGFLO & OLI, RAPPEURS

la concen-tration

La concentration est difficile à maîtriser.
Parfois, par exemple durant un examen
ou une partie de jeux vidéo,
on n'a aucune difficulté à se concentrer ;
alors que lorsqu'il s'agit de réviser
son cours de maths, l'attention fait tout
pour nous échapper !
Comment fonctionne la concentration ?
Dans cette fiche, on s'intéresse aux modes
focus et diffus, qui règnent sur elle.

1.
LES GOUVERNEURS DE LA CONCENTRATION

Le mode focus, le plus connu, est un mode dans lequel on est très concentré sur la chose que l'on est en train d'effectuer. Le mode focus permet d'éveiller les parties du cerveau dont on a besoin pour comprendre ou résoudre un problème. Car, en fonction de ce que l'on apprend, on sollicite des zones spécifiques du cerveau : apprendre un pas de danse activera des zones différentes que si l'on essaye de retenir des dates en histoire !
Le mode diffus, lui, est un état plus relax où le cerveau établit de nouvelles connexions entre nos connaissances. Ce sont des connexions hasardeuses, qui rendent ce mode non seulement créatif, mais aussi idéal lorsqu'on travaille sur un concept nouveau ou une notion abstraite.
Grâce au mode diffus, tu pourras avoir des idées originales et comprendre des choses que ton cerveau n'a encore jamais rencontrées. Maîtriser ces deux modes, en fonction de ce que tu veux apprendre ou réaliser, est un super moyen de hacker ton apprentissage.

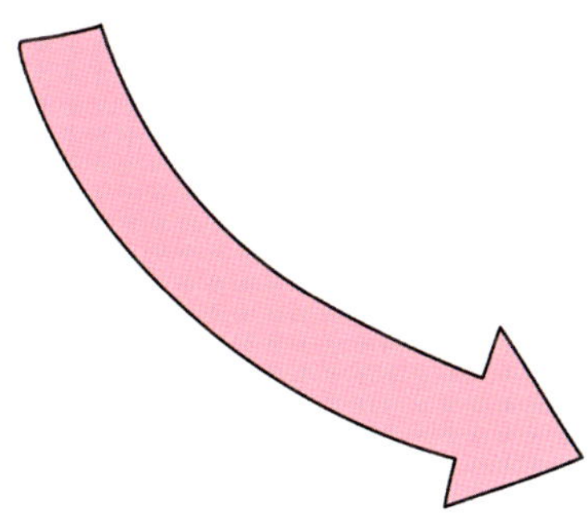

Pour te donner une image, ta concentration ressemble un peu à deux tables de flipper :

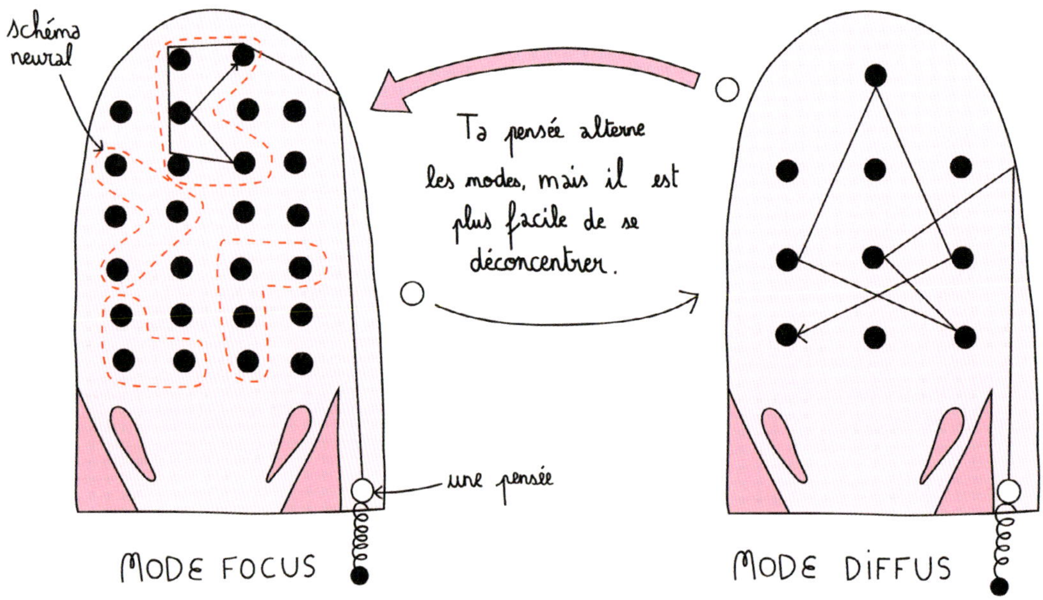

Dans le mode focus, les bumpers sur lesquels la bille-pensée va rebondir sont très nombreux. La bille rebondit dans de petites zones du cerveau et reproduit des schémas neuronaux que notre cerveau connaît déjà.

Pour le mode diffus, les bumpers sont moins nombreux et éloignés les uns des autres. Ça signifie que la bille-pensée va faire de plus longs trajets. C'est grâce à ce mode que tu as une vue d'ensemble sur un problème, ou des pensées créatives.

Le mode focus
On le retrouve sous deux formes :

- *Quand on se concentre de manière intense et prolongée, pendant un examen par exemple ;*
- *Quand on porte notre attention sur une chose, par exemple sur un exercice que l'on veut réussir ou une leçon à apprendre. Notre concentration dure 25 minutes en moyenne avant qu'elle ne baisse de nouveau.*

Il est évidemment essentiel de savoir se concentrer à certains moments pour pouvoir effectuer une tâche précise. En revanche, trop de focus empêche parfois d'avancer. Dans ces moments-là, que tu sois chez toi ou en examen, prends quelques minutes pour respirer, rêvasser un peu, avant de t'y remettre. Par ailleurs, si tu rencontres des difficultés à te concentrer, c'est sans doute parce que tu es un adepte du *multitasking* : à force de faire plusieurs tâches en même temps, ton cerveau n'est plus capable de se concentrer sur une chose uniquement. D'où l'importance d'éliminer les distractions de ton environnement de travail. Pas de panique, ce n'est pas irréversible, tu as juste besoin de réapprendre à te concentrer.

Le mode diffus
Il est divisible en trois catégories :

- *Les moments de relaxation, par exemple quand on est allongé dans son lit ou que l'on écoute de la musique ;*
- *Les activités modérées, comme surfer sur Internet ;*
- *Les activités engagées, comme écrire ou se pencher sur un problème abstrait.*

Certains moments doivent être dédiés à la relaxation, ton cerveau a besoin de se reposer de temps en temps ! La détente cérébrale est obtenue grâce à un sommeil de qualité, des siestes, de la bonne procrastination (c'est-à-dire quand tu choisis volontairement de rêvasser). Le mode diffus est également utile lorsqu'on effectue une activité créative ou qu'on laisse son imagination gambader pour trouver des solutions. Pour cela, avant une promenade ou une douche, n'hésite pas à regarder la leçon sur laquelle tu souhaites avancer. Ton cerveau continuera à travailler pendant que tu te détends.

#true story

Salvador Dalí, l'artiste peintre, cherchait de l'inspiration dans de nombreux sujets. Il avait développé une habitude pour entrer en mode diffus et laisser survenir sa créativité : il s'asseyait dans son rocking-chair, se balançait tranquillement, en repensant aux sujets qu'il avait explorés dans la journée. Dans sa main, il balançait une paire de clés nonchalamment, jusqu'à s'assoupir. Quand il s'endormait véritablement, les clés glissaient de sa main faisant un vif bruit sur le sol, qui le faisait sursauter. Il venait donc de faire un aller-retour, entre le mode focus quand il étudiait, puis diffus quand il s'assoupissait, puis de nouveau focus quand les clés tombaient. Et il conservait avec lui toutes les connexions qui étaient en train de se faire à l'entrée de ses rêves. C'est ainsi qu'il réussissait à faire des associations aussi originales dans ses peintures !

#hack

Utilise la méthode *pomodoro*
pour stimuler les deux types de concentration.

Quelle que soit la manière dont tu souhaites te concentrer, **débarrasse-toi de la pollution mentale :** ruminer, ressasser, empêche d'être créatif et concentré ! Si cela t'arrive souvent, jette un œil aux exercices pages 156-157.

N'hésite pas à faire des pauses.
Quand on se sent bloqué, mieux vaut prendre 10 minutes pour se détendre, laisser son esprit vagabonder (c'est-à-dire repasser en mode diffus) et ensuite s'y remettre.

Fais des siestes ou **couche-toi en pensant à un cours que tu dois apprendre.** Essaye, pendant que tu commences à t'endormir, de revoir visuellement le plan de ton cours.

conclusion
mon fonction-nement

On est bientôt à la fin...
Maintenant, tu as une bonne hygiène de vie
et tu sais comment marche la concentration.
Prochaine étape : devenir un pro
de la créativité. Ça se passe page 170.
Mais avant, découvre les techniques
pour appliquer ce que tu viens d'apprendre.

NEXT

être organisé

Être organisé permet d'anticiper ses devoirs, d'atteindre ses objectifs, et donc d'avoir l'esprit tranquille au quotidien. Cela t'aidera aussi à avoir une vision du travail à effectuer sur l'année et d'être préparé pour le bac. C'est loin d'être facile, mais tu verras qu'en mettant en place de petites habitudes, tu deviendras de plus en plus organisé. Dans cette fiche, j'explique pas à pas comment faire un planning utile, définir des objectifs que l'on a vraiment envie d'accomplir… Bref, « t'organiser comme une machine » pour mieux profiter de la vie d'humain !

1.
DES OBJECTIFS DE QUALITÉ

Pour s'y mettre, il faut d'abord savoir par quoi commencer. C'est pour cela qu'il est important de se fixer des objectifs. Imagine les tâches que tu dois réaliser comme des briques que tu dois décomposer en plus petits morceaux. Plus tu décomposes tes tâches, plus tu arriveras à te concentrer et à être efficace pendant tes sessions de travail.

En quelques adjectifs, un objectif doit être :

- spécifique ;
- mesurable ;
- réaliste ;
- challengeant.

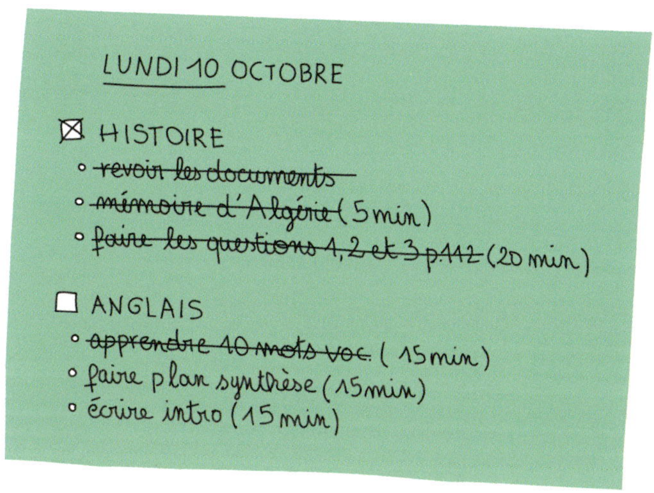

Se fixer des objectifs permet de réaliser des listes de choses à faire (aussi appelées *to do lists* en anglais), et d'avoir la satisfaction de cocher chaque tâche terminée. Prends l'habitude de minuter la réalisation de tes objectifs afin d'être réaliste sur le temps de travail que cela va prendre. Tu peux aussi fixer des objectifs hebdomadaires, qui te permettent de prendre de l'avance lorsqu'il s'agit de réviser un DS par exemple. Pour cela, découvre comment planifier des plages horaires dans ton agenda de ministre !

2.
DES PLAGES HORAIRES DE TRAVAIL MAÎTRISÉES

Afin de te concentrer sur le *process* plutôt que le produit (comme on l'a vu page 101), détermine des plages horaires de travail qui resteront les mêmes de semaine en semaine. Puis, remplis ces plages horaires, chaque semaine, à partir des objectifs que tu te fixes. Prends l'habitude de savoir à l'avance les leçons sur lesquelles tu vas travailler : prends 10 minutes chaque vendredi pour planifier ton programme de la semaine suivante.

Exemple de mise en page d'un planning

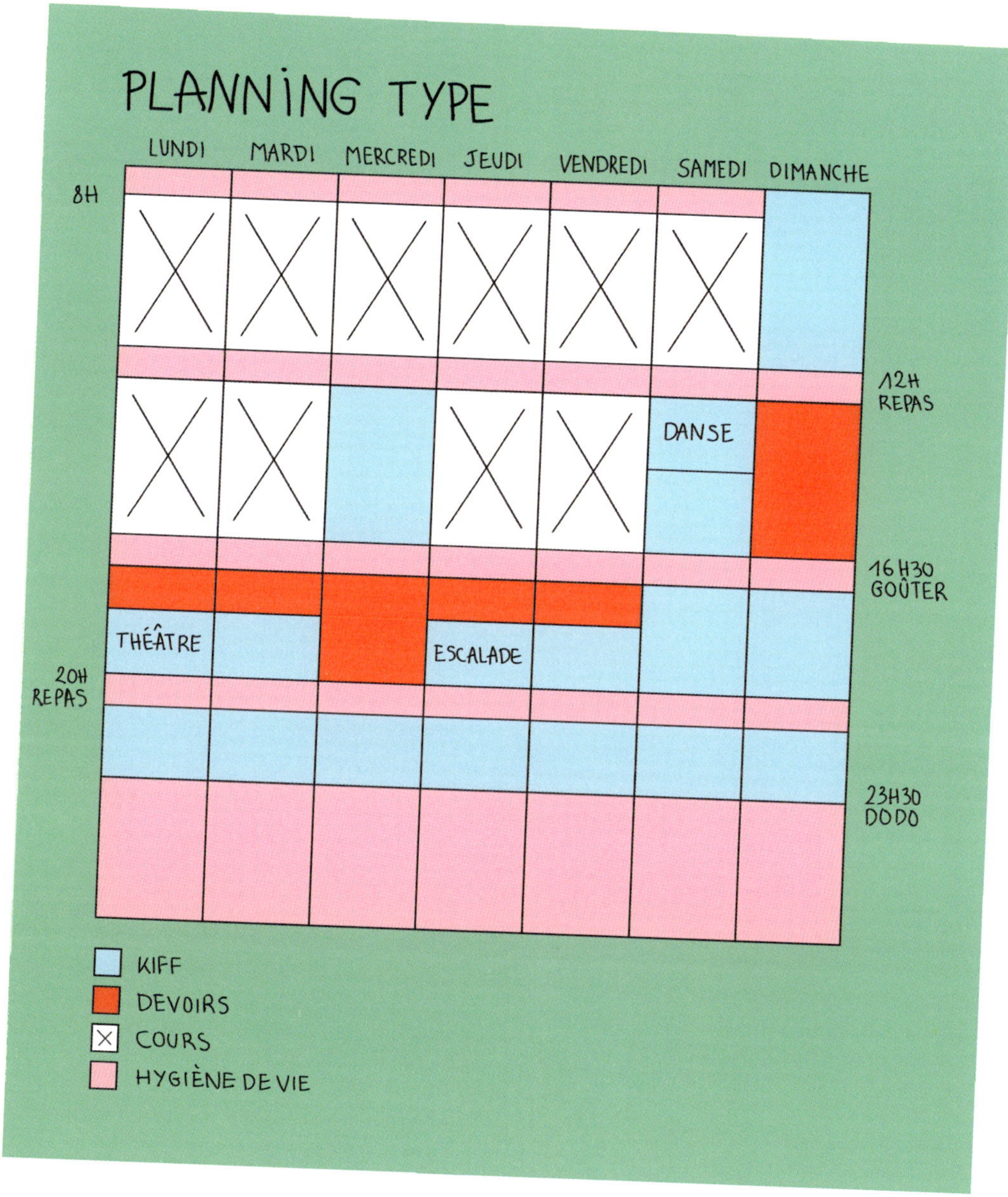
PLANNING TYPE
LUNDI
MARDI
MERCREDI
JEUDI
VENDREDI
SAMEDI
DIMANCHE
8H
12H REPAS
DANSE
16H30 GOÛTER
THÉÂTRE
ESCALADE
20H REPAS
23H30 DODO
KIFF
DEVOIRS
COURS
HYGIÈNE DE VIE

#true story

Léonie a toujours été très désordonnée.
Dans sa chambre, sa vie, et même sa tête : rien n'est vraiment rangé ! À partir du moment où elle s'est fixé des objectifs et des *to do lists*, sa vie a changé.
Elle est plus efficace et procrastine moins puisqu'elle sait qu'elle aura la satisfaction de remplir ses objectifs.
Elle se sent aussi nettement moins stressée et a le temps de se consacrer à sa passion, le rugby.

#hack

Quand tu fais tes devoirs, n'oublie pas d'utiliser la méthode *pomodoro* tout en gardant à l'esprit la notion de *process* : faire son maximum en un temps donné. À force, tu apprendras à mesurer le temps que te prend la réalisation d'un objectif type.

Travaille en premier sur ce que tu redoutes le plus : une fois fait, le reste te semblera plus facile.

Trouve un ami avec qui discuter de ta progression et de la réussite de tes objectifs.
Parler à quelqu'un qui hacke aussi son bac est idéal pour s'échanger des tuyaux.

Donne-toi des récompenses quand tu termines une tâche.
Comme on l'a vu dans « la procrastination » page 92, c'est comme cela que tu vas créer l'habitude de travailler dans ton cerveau.

conclusion j'apprends à apprendre

Parfois, il est possible que des événements imprévus ne te permettent pas de suivre parfaitement ta *to do list*. Ce n'est pas grave. Celui qui essaye est toujours récompensé ! Ne te fixe pas d'objectifs trop ambitieux, et, à mesure des semaines, tu sentiras que tu t'améliores.

NEXT

se développer personnellement

On a vu dans les niveaux précédents que le cerveau possède une neuroplasticité qui lui permet d'évoluer constamment, en fonction des choses que l'on apprend ou expérimente. Cela nous permet de changer nos habitudes dans l'apprentissage et donc de progresser. Ce que tu t'apprêtes à découvrir, c'est qu'il est aussi possible d'apprendre à gérer nos émotions et à mieux communiquer. Ça te paraît impossible ? Tu es convaincu que les gens ne sont pas capables de changer leur « caractère » ? Détrompe-toi ! Voici quelques exercices et conseils pour mieux gérer le monde qui t'entoure.

1.
DES ACTIVITÉS POUR TE FAIRE DU BIEN

Améliore ta concentration et apprends à relativiser
La méditation de pleine conscience nous apprend à observer notre esprit, c'est-à-dire nos pensées et émotions, sans les juger. Avec de l'entraînement, tu vas réussir à briser les mauvaises associations de tes pensées.

« J'aurais dû réviser pour mon bac blanc, maintenant c'est foutu. »
devient : « Tiens, c'est intéressant, une pensée concernant le travail que je fournis pour le lycée vient de me traverser. »

« Cette personne dans ma classe m'énerve. »
donne : « Une réflexion à propos d'un camarade a atteint mon cerveau. »

Si tu t'aperçois que tu recommences à juger tes pensées, reviens tranquillement à l'observation. Il faut méditer régulièrement pour installer des habitudes de pensée, mais il est désormais prouvé que les bienfaits de la méditation se ressentent dès que l'on commence à pratiquer.

Pour essayer, commence par te concentrer sur ta respiration :

1. Choisis un moment où tu es bien éveillé, par exemple avant le dîner. Mets ton téléphone en mode avion, et, si tu le souhaites, mets un minuteur pour définir la durée de l'exercice. Assieds-toi en tailleur, maintiens ton dos droit en gardant une posture détendue mais stable. Ferme les yeux.

2. Maintenant, concentre-toi sur ta respiration et les sensations qu'elle procure à ton corps. Observe le moment où l'air rentre dans ton nez, descend jusqu'à tes poumons, et fais gonfler puis dégonfler ton diaphragme, chaque fois que tu inspires et expires. Pour te concentrer plus facilement, n'hésite pas à compter dans ta tête chacune de tes inspirations.

3. Quand tu remarques que tu es distrait par une pensée ou un sentiment, ramène ton attention sur ta respiration. Quand tu as oublié à quel chiffre tu étais, recommence à compter tes inspirations à partir de zéro. Au début, tu arriveras peut-être à compter jusqu'à un ou deux avant de te déconcentrer. C'est normal !

Cours !

Courir est un super moyen de se détendre tout en gardant la forme. Cette pratique permet de se défouler mais aussi de réfléchir à des problèmes, qu'ils soient personnels ou en rapport avec une leçon que l'on a du mal à comprendre. Quand tu cours, tu es actif et tu te sens vivant. En plus, ton cerveau décharge de la dopamine, donc on entre dans un état de bien-être. Pas besoin d'être un grand sportif pour courir : va à ton propre rythme et parcours les distances que tu souhaites. En revanche, n'hésite pas à te challenger : on a tendance à sous-estimer ce que notre corps est capable de faire, alors que c'est justement quand on arrive à se dépasser qu'une séance de course devient vraiment agréable. Évidemment, si tu n'as pas l'habitude de faire du sport, la première semaine te semblera difficile car ton corps a besoin de s'habituer à l'exercice. Mais essaye au moins une semaine avant de décider si, oui ou non, tu es fait pour la course. Je te conseille fortement de te trouver une playlist qui te plaît car la musique a de grands pouvoirs pour motiver lors d'un effort.

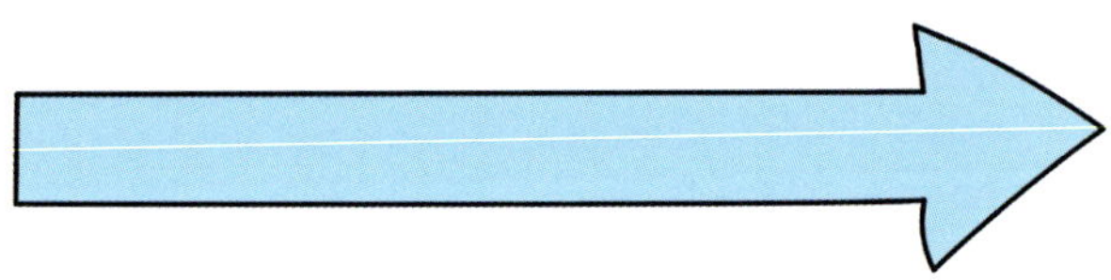

2.
DES OUTILS POUR TE LIBÉRER

La communication non violente
S'il t'arrive de te disputer avec tes proches, fais appel à la communication non violente. De manière générale, cela t'évitera les conflits ou les incompréhensions. Pour expérimenter cette approche, suis les étapes que voici :

1.
<u>L'observation</u>
Dans une situation de conflit, observe les faits sans porter de jugement. Sois le plus objectif possible.

2.
<u>Les sentiments</u>
Observe ce que tu ressens. S'agit-il de déception ou de frustration ? Pourquoi tu te retrouves dans une situation où tu te sens autant en colère ? Il faut l'exprimer à l'autre de manière simple, sans aucune interprétation et sans remettre la faute sur l'autre. Utilise le « je » pour parler de ton ressenti personnel.

3.
<u>Le besoin</u>
Lorsque tu réagis violemment, c'est généralement parce que l'autre a touché un point sensible. Essaye de l'identifier pour pouvoir exprimer tes besoins.

4.
<u>La demande</u>
Pour résoudre ce conflit et que cette situation ne se reproduise pas, formule une demande positive et raisonnable à la personne qui t'a énervé. Il ne faut pas être exigeant, mais essayer, à deux, de se comprendre et accepter de faire des efforts.

Tu verras, tes conflits se règlent beaucoup plus simplement en suivant cette technique ! En te libérant de ta colère, tu te soulages d'un poids inutile.

L'important, c'est le moment présent
L'idée, très ancienne, est de profiter de l'instant et de lâcher prise sur le passé et le futur. Nos pensées trouvent en majorité leur origine dans notre ego : elles cherchent à combler notre besoin de domination et à nous défendre. Pourtant, si nous apprenons à ne plus ressasser le passé et à nous projeter dans le futur, bref, à nous concentrer sur le moment présent, nous n'avons pas besoin de l'ego. Prendre conscience que les personnes avec qui tu as des conflits sont elles-mêmes sous l'emprise de leur propre ego t'aidera à relativiser.

Par peur d'être jugé, nous créons une fausse image de nous-même. La méditation peut aider à prendre conscience des émotions négatives qui nous traversent, et à nous en détacher. Quand tu es en train de ressasser une situation passée, ou bien d'imaginer un événement futur et que tu n'arrives pas à te concentrer, accepte-le. Prends une feuille et décris cet épisode, en donnant tous les détails qui te traversent. Écris sans réfléchir (on s'en fiche de faire des fautes d'orthographe), l'important, c'est de se vider complètement. Tu verras, une fois que tu auras fini, tu te sentiras nettement mieux. Accepte que cette situation est passée ou ne se passera peut-être jamais, et concentre-toi avec positivité sur les choses que la vie t'apporte.

Si ce sujet t'intéresse, tu trouveras des ressources pour l'approfondir sur hacktonbac.com

POUR CONCLURE

Faire ces différents exercices te demandera de la motivation. Mais les tester, par curiosité, ne coûte rien ! En plus, dès la première fois, tu en tireras déjà beaucoup de choses très enrichissantes. Ces exercices sont là pour te faire du bien, car on rencontre tous des conflits avec soi-même et son entourage.
L'important est de se concentrer sur nos progrès.

#true story

Jonny Wilkinson rêvait de devenir le meilleur au rugby. C'était son objectif. Tellement sûr de lui, il a écrit cet objectif sur une feuille de papier en se promettant de l'atteindre. À 39 ans, sa carrière terminée, il se rend compte que, finalement, c'est le plaisir du jeu qui l'a rendu le plus heureux, beaucoup plus que son objectif initial.
Comme quoi, l'important est le chemin à parcourir pour parvenir à ses objectifs, pas l'objectif en lui-même. C'est pour cette raison que je te conseille de t'orienter dans un domaine qui te plaît, et pas vers un métier précis, qui ne te plaira peut-être plus dans quelques années.

#hack

Quand tu es submergé par tes émotions, essaye d'écouter ce qui se passe en toi. **Une bonne technique est de fermer les yeux, et d'imaginer la couleur qu'aurait l'émotion, ainsi que sa forme.** Une fois que tu es capable de la visualiser, tu te sentiras déjà plus apaisé. Maintenant, transforme la couleur et la forme en une chose (image, souvenir) qui te calme et te fait te sentir bien.

Sois indulgent avec toi-même. Le chemin de la paix avec soi est long et semé d'embûches. Il est difficile de se défaire des habitudes que l'on a adoptées très jeune, alors accepte que cela prenne du temps.

Écris ou trouve quelqu'un de confiance pour te confier. Extérioriser ce qui nous fait broyer du noir ou nous frustre aide déjà à se sentir mieux !

Inutile d'avoir une tenue ou un matériel de pro pour réaliser ces exercices. **Donc pas d'excuses pour ne pas essayer.**

Personne n'est parfait, donc **les jours où tu n'es pas motivé, ne fais pas les exercices** et prends du temps pour te détendre. Cela arrive à tout le monde d'être malade, ou juste d'avoir la flemme. **En revanche, n'oublie pas que ces exercices feront du bien à ton moral.**

Chaque fois que tu réagis à une situation, pose-toi la question : « Comment est-ce que je me sens ? » Cela va t'apprendre à écouter tes émotions et à prendre du recul sur tes réactions.

conclusion m'épanouir

Dans ce chapitre, on s'est concentré sur soi plus que sur le monde qui nous entoure. Car c'est en étant épanoui intérieurement que tu réussiras à accueillir ce que la vie a à t'offrir. Peut-être qu'aujourd'hui, tout cela ne te parle pas, et que tu rouvriras ce livre dans quelques années en te disant : « Tiens, et si j'essayais ? », et cette fois-ci, ça marchera.

NEXT

“QUAND UNE PORTE
DU BONHEUR
SE FERME,
UNE AUTRE S'OUVRE ;
MAIS SOUVENT
NOUS REGARDONS
SI LONGTEMPS
LA PORTE FERMÉE
QUE NOUS
NE VOYONS PAS
CELLE QUI NOUS
A ÉTÉ OUVERTE.”

HELEN KELLER, AUTEURE

NIVEAU 5

BG si t'es arrivé jusqu'ici. Non je suis sérieuse, c'est rare d'être aussi motivé !
Tu as fait le plus dur. Arrivé à ce niveau, tu ne hackes plus seulement ton bac, mais ta vie entière ! Je vais commencer par t'expliquer comment fonctionne le processus créatif, pour que tu puisses développer ton inventivité.
Ensuite, on parlera de deux techniques pour être au top au lycée. Pour finir, on verra comment trouver un stage pour tester le métier que tu envisages, et comment créer ses propres projets.

le processus créatif

Le processus créatif, c'est le chemin qui va
de l'envie à l'idée, jusqu'à la création.
Il t'amène à faire une découverte, à réaliser
une œuvre originale, ou encore à mener
un projet dont tu détiens la vision.
Ce chemin peut sembler étrange
et mystérieux, et tu es peut-être convaincu
que tu n'es pas « un créatif »
et que tu ne le seras jamais. Et pourtant,
avec de la volonté, il est possible d'améliorer
sa créativité. Les plus grands artistes
et scientifiques ont dévoilé leurs secrets :
il faut d'abord maîtriser la théorie,
pour pouvoir ensuite s'en détacher
et laisser survenir des idées originales.

1.
ÉDUQUER SON IMAGINATION

À l'école, on perd le lien entre ce que l'on apprend (la théorie) et la pratique. C'est bien beau de connaître un théorème, mais si on ne sait pas à quoi il sert, où est l'utilité ? L'autre problème avec l'école, c'est qu'elle défavorise les élèves qui ont un très bon sens de l'expérience mais qui ont du mal avec la théorie. Par exemple, Einstein était considéré comme un mauvais élève à l'école parce que, malgré ses facilités à trouver la réponse à ses exercices, il n'était pas capable d'expliquer comment il s'y prenait. En réalité, c'est en fusionnant le concret de l'expérience et l'abstrait de la théorie que l'on engendre la compréhension. Mais pas d'inquiétude ! Il est tout à fait possible de rééduquer son imagination. On a beaucoup à apprendre des artistes et des scientifiques, qui maîtrisent les règles et les lois (telles que les proportions en peinture), et qui ont su les dépasser pour faire leurs propres expérimentations et créer. Voici quelques outils, fruit des témoignages de génies créatifs, qui te permettront d'entraîner ton inventivité.

2.
LES OUTILS POUR DEVENIR PLUS CRÉATIF

L'observation

La majorité de nos connaissances viennent de l'observation. Pourtant, quand on regarde une chose, on a tendance à ne pas la voir véritablement. On identifie sa couleur, mais moins souvent sa texture ou son odeur par exemple. D'ailleurs, on utilise rarement nos sens en dehors de la vue ! Nos organes sensitifs doivent être entraînés à la fois à l'observation et à l'interprétation de ces observations. Regarder un objet, même longtemps, ne suffit pas. Il faut au préalable savoir quoi regarder et pourquoi le regarder. C'est là que réside toute la magie de l'observation. Le biochimiste Szent-Györgyi disait que « La découverte consiste à regarder la même chose que tout le monde et à y penser différemment ». Et il avait bien raison !

L'abstraction

L'art abstrait à ceci de particulier qu'il ne représente qu'une seule des caractéristiques de son modèle. L'artiste fait abstraction de tout ce qui semble évident à propos d'un objet et choisit de ne faire figurer qu'un trait qui le caractérise. L'abstraction peut prendre toutes les formes : l'écriture, le dessin, la sculpture, la danse et même les nombres. Le résumé d'un livre est une abstraction par exemple ! Ce qui la rend fascinante, c'est qu'elle permet de représenter une image complexe (une émotion, un mouvement) en une chose simple. Parfois nous oublions à quel point l'abstraction est complexe, tellement la représentation du modèle en est simple ; on se dit : « Un enfant pourrait dessiner ça ». Le plus dur est de dessiner des choses simples.

#hack

Reconnecte-toi avec l'artiste qui sommeille en toi en allant par exemple te promener dans la nature ou au musée. **Choisis un sens** que tu veux faire travailler pendant ta sortie, par exemple l'ouïe, **et essaye de porter toute ton attention sur ce dernier.**

Choisis le sujet de ton abstraction. Tout d'abord, analyse-le de manière réaliste. Empare-toi de ses dimensions et caractéristiques. Puis laisse ton travail de côté pendant un moment. Quand tu t'y remets, essaye de mimer ton abstraction, de la chanter, de décrire avec le minimum de mots ta création.

Teste tes progrès en réalisant plusieurs abstractions d'un même objet (j'aime bien commencer par une pomme). Le premier jour, tu n'auras peut-être pas beaucoup d'idées originales, mais au bout de quelques semaines, c'est sûr que tu auras un nouveau regard sur ce fruit !

Tout n'a pas déjà été créé, **ta place et ton histoire sont uniques et te permettront d'avoir quelque chose à raconter au monde.** Pour réussir, apprends à observer avec l'œil de l'esprit et pas seulement avec tes sens.

L'empathie

L'empathie est très utilisée dans le monde de l'art, notamment par les romanciers et les acteurs, mais aussi en science et en médecine. Pourquoi ? Parce que l'empathie permet de comprendre plus profondément le sujet d'étude (une émotion, un atome ou un malade), en nous mettant à sa place. Dans le cinéma, l'empathie permet à l'acteur d'entrer dans son rôle et de réussir à simuler les émotions d'un autre. Il faut ressentir une émotion pour bien la jouer. Le philosophe Karl Popper disait : « Je pense que la meilleure suggestion que l'on puisse faire à quelqu'un qui veut être plus créatif est de développer "l'intuition sympathique", ou "empathie". Tu devrais rentrer dans un problème de sorte que tu deviennes en partie ce problème. » Einstein disait lui-même, pour trouver ses théories, essayer d'observer l'univers du point de vue d'un photon par exemple.

Le jeu

Le pouvoir du jeu est de révéler des mondes imaginaires qui repoussent les limites du conventionnel. Jouer peut être utile pour consolider des compétences, d'après le psychologue Jean Piaget. Ça fait travailler notre imagination et développe également l'empathie (par exemple dans les jeux de rôle, quand on se met à la place de quelqu'un). Les jeux de mots, de société, musicaux, les puzzles et les jouets sont des divertissements qui peuvent développer des compétences différentes. Finalement, la plus grande difficulté du jeu est d'être capable de retrouver son âme d'enfant. J'en conviens, ça demande un peu d'entraînement !

Tu cherches d'autres ressources pour apprendre à être plus créatif ? Va faire un tour sur hacktonbac.com !

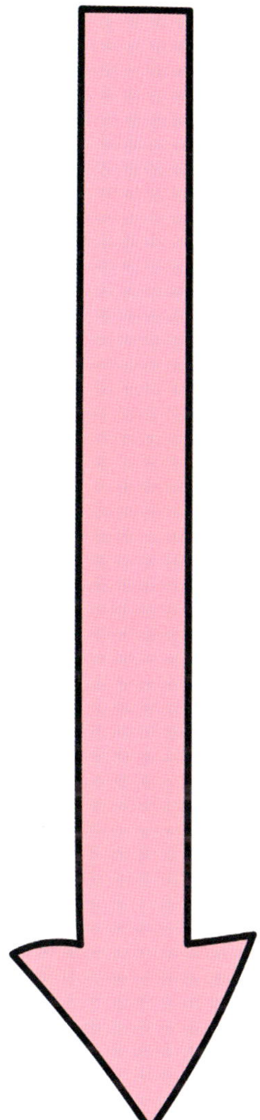

#hack

Il est prouvé que des pratiques telles que **la méditation de pleine conscience permettent de développer l'empathie.** Pour s'exercer, voir page 157.

Le théâtre est une super activité pour développer son empathie, en plus de ses qualités d'orateur et de sa mémoire !

Faire des calligrammes (un dessin composé de mots) est un très bon moyen de s'amuser tout en faisant travailler sa créativité.

Réaliser des caricatures permet de s'amuser (et de se défouler !), tout en s'entraînant à abstraire les informations d'un sujet.

La confiance en soi est essentielle pour être créatif.
Si tu te sens en panne d'inspiration, c'est sûrement que tu ne fais pas assez confiance à tes intuitions et que tu n'arrives pas à dépasser le jugement des autres.
Cela aussi demande un entraînement !

#true story

Pablo Picasso, à ses débuts, a appris à dessiner de manière réaliste, à observer méticuleusement la réalité. Une fois acquise, cette compétence lui a permis de développer sa créativité et le cubisme qui le rend aussi célèbre. Il disait que, pour arriver à l'abstraction, il faut commencer par une réalité concrète. Une fois qu'on la maîtrise, on est capable de retirer toute trace de réel à son œuvre. Les artistes, les écrivains, les scientifiques et les mathématiciens ont recours à l'abstraction. Alors, tu peux aussi arriver à l'utiliser. Recherche, joue, observe !

conclusion mon fonctionnement

Tu viens d'achever le dernier niveau de « Mon fonctionnement ». Ça mérite une pause, puis peut-être de parcourir de nouveau les sujets précédents pour les garder en tête ? J'espère que ça t'a donné envie de continuer à entraîner ton cerveau, pour démultiplier ton potentiel !

NEXT

“

NE TE LIMITE JAMAIS
À L’IMAGINATION
DES AUTRES...
SI TU ADOPTES
LEURS PRÉJUGÉS,
ALORS LA POSSIBILITÉ
N’EXISTERA PAS
CAR TU L’AURAS DÉJÀ EXCLUE.
TU PEUX ÉCOUTER
LES CONSEILS
DES AUTRES,
MAIS TU DOIS
ÉVALUER LE MONDE
PAR TOI-MÊME.

”

MAE JEMISON,
MÉDECIN ET ASTRONAUTE

s'auto-évaluer

Souvent, pour retenir quelque chose, on le lit et le relit jusqu'à ce que ça rentre. Mais il existe une méthode bien plus efficace pour apprendre une leçon : l'auto-évaluation ! Je vais t'expliquer. Cela te demandera un peu de volonté, mais je peux t'assurer que tu seras plus performant qu'en relisant passivement tes cours. Faire des erreurs, comme on l'a vu au niveau 1, permet de repérer ses lacunes et de les corriger soi-même (plutôt que d'attendre que le prof nous enlève des points en contrôle). De bonnes raisons de mettre cette technique en place !

COMMENT S'ÉVALUER ?

Grâce à l'auto-évaluation, tu retiendras mieux ta leçon qu'en la lisant de multiples fois. Ta lecture étant plus active, tu es concentré au maximum. Comme il paraît plus facile de lire et relire plutôt que d'essayer de se souvenir de sa leçon, on met souvent cette technique de côté. Allez, un petit effort !

1.
Lis une première fois attentivement ta leçon, puis regarde dans une autre direction (ou ferme ton cahier), et énonce à haute voix ce que tu viens de lire. C'est très difficile au début, c'est normal.

2.
Relis-la une deuxième fois et, de nouveau, répète ce que tu viens de lire, comme si tu l'expliquais à quelqu'un qui n'y connaissait rien.

3.
Refais cet exercice plusieurs fois, jusqu'à ce que tu aies retenu ton cours ! N'hésite pas à faire des pauses entre chaque essai afin de ne pas te lasser.

#true story

Élisa a toujours eu des bonnes notes en cours, mais elle souhaitait augmenter sa moyenne, en vue d'entrer en prépa l'année suivante. Comme elle est autonome dans son travail et qu'elle n'a pas de problème à se mettre à réviser, elle s'est dit que l'auto-évaluation était une méthode qui pouvait lui correspondre. Et elle a eu raison ! Au final, elle a augmenté sa moyenne de 2 points, ce qui lui assure un super dossier pour après le bac.

#hack

Quand on lit un livre ou une leçon, on a parfois l'impression que surligner des passages nous aide à mémoriser les points importants.
Pourtant, cela n'active pas le processus de mémorisation. En revanche, **prendre des notes dans la marge quand quelque chose nous interpelle ou reformuler avec nos propres mots permet de mémoriser sans même nous en rendre compte !**

Pour rendre cette méthode un peu plus fun, j'aime bien **mettre en place un jeu de rôle :** tu es le professeur, et tu expliques la leçon à ta classe. Mets-toi debout, et fais comme si tu avais un public.

Pour que ton apprentissage soit efficace, **il faut y mettre de la bonne volonté.** Sinon, comme on l'a vu, on envoie de mauvais signaux à notre cerveau et l'on commence à procrastiner...

technique de répétition

Pour la majorité d'entre nous, il est impossible de se rappeler précisément une leçon ou un livre qu'on a lu. Il est prouvé qu'une information reste plus longtemps dans notre mémoire lorsqu'on la sollicite à plusieurs reprises et de manière espacée. C'est ce que je vais t'apprendre à faire dans cette partie. La technique de la répétition est simple à mettre en place, mais elle demande de la rigueur. Grâce à cette méthode, tu pourras te la couler douce avant le bac pendant que tes camarades devront réviser tout ce qui a été vu pendant l'année !

COMMENT METTRE EN PLACE CETTE TECHNIQUE ?

1.
Trace 6 petites cases en haut de chaque nouveau chapitre. Au-dessus d'elles, note les moments où tu es censé revoir tes leçons (comme dans l'exemple ci-dessous).

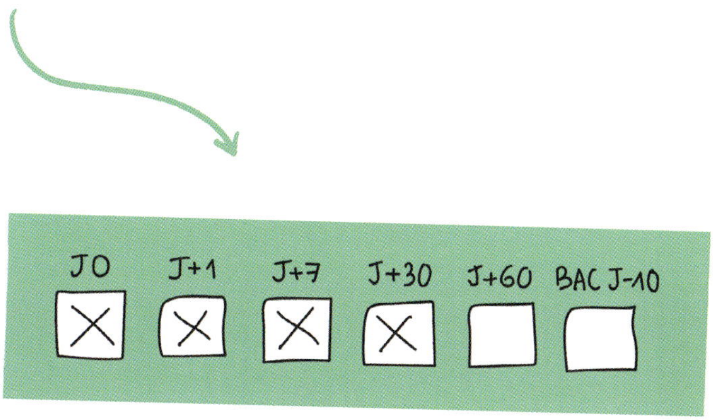

2.
Quand tu étudies une leçon pour la première fois, l'idéal est de l'apprendre avec la technique de l'auto-évaluation (voir aux pages précédentes). Tu vas donc apprendre une première fois ta leçon, puis, quelques heures plus tard, essayer de t'en souvenir sans la relire.

3.
Relis ta leçon de manière attentive et active le lendemain, la semaine suivante, le mois suivant, et coche à chaque fois la case prévue à cet effet. Avec de l'entraînement, tu arriveras facilement non seulement à retenir tes cours, mais en plus à les retenir sur le long terme.

#true story

Érika gère très mal le stress. Alors, pour s'assurer qu'elle n'oubliera rien, elle applique la technique de répétition. Elle qui était déjà plutôt bonne à l'école a grandement progressé, et surtout, ça lui a permis d'être suffisamment sûre d'elle pour ne pas s'angoisser avant les examens.

#hack

Travaille, même si tu es en mode diffus. Comme on l'a vu page 141, il est important de profiter des moments de calme pour relire ses leçons, afin de créer des connexions entre les différentes informations vues pendant la journée. Relire une leçon avant de se coucher est par exemple un super moyen pour la mémoriser.

On a l'impression de comprendre et de pouvoir retenir facilement les choses qu'on lit. Pourtant, ce n'est pas le cas… à part si l'on est vraiment actif et que l'on ne fait pas plusieurs choses en même temps.

conclusion
j'apprends à apprendre

Tu as désormais toutes les clés en main pour apprendre efficacement, alors à toi de jouer ! N'hésite pas à relire ces fiches de temps en temps, surtout les #hack, pour conserver de bonnes habitudes.

NEXT

créer ses projets

Mettre en place un projet, ça commence par avoir une passion qui nous donne envie de progresser et nous fait perdre la notion du temps. On ne se lève pas un matin en se disant : « Tiens, je vais créer ». On ne se dit pas non plus : « Je vais faire de la musique pour gagner ma vie ». Alors, quel est l'intérêt de créer un projet ? C'est avant tout un moyen de s'épanouir, mais cela peut aussi permettre de trouver sa passion. Alors fonce !

1.
TROUVER DES *FEEDBACKS*

Si tu as envie de développer un projet, diverses options s'offrent à toi. Tu peux te lancer à 200 % dans un domaine, par exemple en créant ta propre musique et en la publiant sur Internet. Mais pour ceux qui ne sont pas passionnés par une discipline en particulier, il suffit de lier divers centres d'intérêt ! Par exemple, tu adores la cuisine et la photographie, donc tu lances un compte Instagram où tu partages tes créations culinaires. Ou bien tu adores dessiner et conseiller les autres. Tu crées une chaîne Youtube sur laquelle tu publies des tutos pour apprendre à dessiner ! Ou encore, tu es passionné de maths et tu adores écrire : tu publies donc des articles sur Medium pour vulgariser tes théorèmes préférés. Bref, tu l'as compris, tout est possible, il suffit de réfléchir à ce que tu aimes faire et de trouver ce qui te correspond. Montrer son travail est important, ça te permet d'avoir des retours – plus ou moins constructifs – mais qui te donnent de l'énergie pour progresser. N'hésite pas à demander conseil à des professionnels, contacte-les sur les réseaux sociaux et parle-leur de ton travail. Plus souvent qu'on ne le croit, ils se feront un plaisir de donner leur avis. Si tu te contentes d'avancer seul et de ne montrer ton travail qu'aux gens qui t'aiment, tu risques de ne jamais avoir de retours sincères et professionnels sur comment t'améliorer.

2.
*SUCCESS IS OBVIOUS**

Avec un état d'esprit positif et de la détermination, tu finiras forcément par être satisfait de ce que tu as produit. Arrivé à ce stade, le but est que les gens entendent parler de ton travail. Il y a des moyens de mettre en avant ton projet et que le maximum de personnes en entendent parler. Déjà, choisis une plateforme pour le partager.

Il y en a plusieurs :

- **Instagram** si le contenu est visuel ;
- **Youtube** pour publier un contenu audio et/ou vidéo ;
- **Medium** pour partager un contenu écrit ;
- **GitHub** pour les projets de programmation informatique ;

etc...

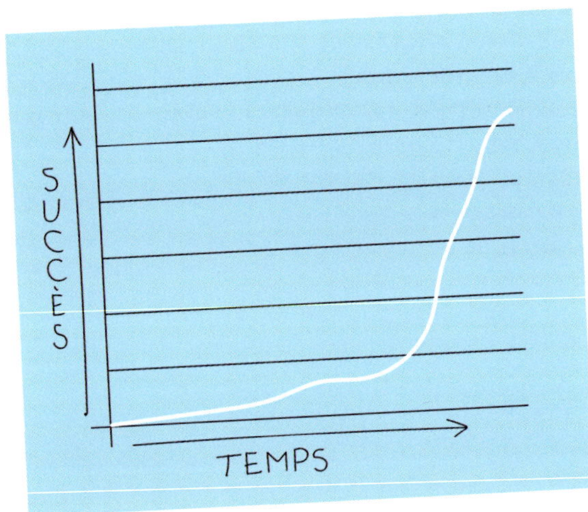

Pour choisir la plateforme la plus adaptée à ton travail, demande-toi où se trouve le public qui sera le plus réactif à ce que tu fais, et qu'est-ce qui mettra le mieux ton travail en valeur. Une fois que tu as du succès sur le réseau sur lequel tu t'es lancé, tu peux t'étendre et chercher à toucher des publics sur d'autres plateformes. Prends soin des personnes qui suivent ton travail et qui t'encouragent. Ce sont tes premiers fans !

* *Success is obvious* : « Le succès est évident »

Réponds à leur commentaire, apprends à les connaître, chouchoute-les ! N'hésite pas à les impliquer dans ton travail et à leur demander quel type de contenu ils préfèrent. En leur montrant qu'il y a de la proximité entre eux et toi, ils se sentiront en confiance, et t'aideront à te faire connaître.

3.
PERSÉVÉRER

La mauvaise détermination, c'est répéter sans cesse la même chose sans succès. La bonne détermination, c'est peaufiner à chaque nouvel essai son approche, sa manière de faire, jusqu'à l'obtention de résultats. Réussir un projet demande énormément de détermination. D'ailleurs, il faut généralement tenter plusieurs choses avant de réaliser un projet qui a du succès. Si finalement tu abandonnes, ce n'est pas grave. Peut-être que le projet n'était pas fait pour toi, ou que l'angle choisi était trop personnel et ne touchait pas les gens. Il n'y a pas de mal ! Peut-être qu'un jour tu le reprendras différemment, ou que tu en feras un nouveau, ou peut-être que tu te lanceras dans un tout autre domaine.

Va faire un tour sur le site hacktonbac.com pour découvrir mes outils préférés pour développer son projet !

POUR CONCLURE

Lancer un projet prend du temps, beaucoup d'énergie, et l'on n'est pas toujours maître de son succès : il doit plaire aux autres pour fonctionner. Dans tous les cas, on apprend toujours énormément en essayant de créer. Même si tu n'en fais pas ton métier, l'essentiel est que tu te fasses plaisir au jour le jour.

#true story

À l'origine de Facebook, Mark Zuckerberg, étudiant de Harvard, s'est décidé à lancer un premier site en février 2004 pour mettre en relation les étudiants de son université. Rapidement, le site explose. Il s'étend à d'autres universités, pour finalement, en 2006, permettre à n'importe qui de s'inscrire. En 2008, la version française de Facebook est lancée et en 2012, Facebook rachète Instagram. À l'époque, Mark n'aurait jamais pensé créer une entreprise, et même un géant du numérique. Comme quoi, quand on fait les choses à fond, sans se préoccuper de l'avenir, ça fonctionne !

#hack

Fixe-toi des objectifs pour te dépasser.

Renseigne-toi et inspire-toi de tes artistes préférés.
Il n'y a pas de mal à reprendre des techniques qui ont marché chez les autres, et à se les approprier.

Quand tu publies quelque chose sur Internet, envoie-le à tous tes amis et à ta famille en leur demandant de le partager.
C'est en faisant le «forceur» (tout en restant sympa évidemment) que ton projet pourra vraiment avoir un écho sur les réseaux sociaux !

“LES BONNES CHOSES ARRIVENT QUAND NOUS COMMENÇONS AVANT D’ÊTRE PRÊTS.”

STEVEN PRESSFIELD, ÉCRIVAIN

faire un stage

Un stage de plusieurs mois dans une entreprise comporte beaucoup d'avantages. Tout d'abord, cela permet de découvrir le monde professionnel, qui est abstrait tant qu'on ne l'a pas expérimenté. Découvrir ce qu'est le travail en équipe, bosser sur des missions concrètes et variées… Voilà à quoi tu goûteras dans cette expérience unique en son genre ! Tu apprendras également à développer un tas de compétences : la communication, l'utilisation de logiciels… des aptitudes qui te seront utiles toute la vie.

1.
Ton secteur de prédilection
La première étape pour décrocher un stage, c'est de trouver un secteur d'activité qui te passionne. On l'a vu dans les chapitres précédents, ça n'a rien d'évident, mais arrivé à ce stade, tu as sûrement quelques idées de domaines d'activité qui éveillent ta curiosité. Choisis-en un. Celui qu'il t'importe le plus de découvrir. Cela peut être le milieu de la santé, de l'éducation, de l'écologie, de l'alimentation…!

2.
Être proactif*
Pour attirer l'attention de l'entreprise dans laquelle tu as envie de faire un stage, il faut faire parler de toi. Tu peux publier des articles sur la plateforme Medium, être actif sur les réseaux sociaux pour démontrer tes qualités de *community manager***… Cible en fonction du secteur que tu vises et des missions pour lesquelles tu aimerais travailler. L'important, c'est de montrer ce que tu sais faire et que tu es motivé!

3.
Sélectionne ta cible
Liste toutes les entreprises qui sont dans ton secteur de prédilection. Tu vas leur envoyer une candidature spontanée, alors concentre-toi sur les petites entreprises (elles ont besoin de main-d'œuvre pour faire plein de choses), telles les startups***. Cherche sur Internet les startups de ton domaine et dans les villes dans lesquelles tu peux travailler. Sur un fichier Excel (ces tableaux qu'on a appris à faire en cours de techno), note le nom de celles qui t'intéressent et leur description en une phrase. Trouve au moins une dizaine de startups à contacter.

* **Proactif** : État d'esprit de celui qui prend des initiatives et démontre sa motivation.
** **Community manager** : Personne en charge d'animer la communauté de l'entreprise sur les réseaux sociaux.
*** **Startup** : Entreprise cherchant un moyen durable de se développer à grande échelle. Par exemple, Uber est une startup qui en quelques années s'est développée dans le monde entier et cherche maintenant à rentabiliser son activité. Les startups ont souvent des modes de travail plus flexibles et moins hiérarchiques que les entreprises classiques.

4.
Atteins ta cible
Maintenant, il faut trouver un moyen d'atteindre un salarié de la startup à qui envoyer ta candidature. L'idéal est de trouver le contact du CEO (le patron), car c'est lui qui prendra la décision de te recruter ou non et qui est le plus à même de comprendre ta motivation pour travailler dans son entreprise. Pour ce faire, plusieurs outils sont à ta disposition. Si ce n'est pas déjà fait, crées-toi un compte LinkedIn. Grâce à ce dernier, tu as accès à un réseau de professionnels et tu pourras facilement savoir qui est le CEO de l'entreprise qui t'intéresse en faisant des recherches. Si tu ne trouves pas, continue ta recherche sur Internet. Ajoute une colonne de plus à ton tableau avec le nom de chaque CEO.

Maintenant, il s'agit de trouver leur adresse mail. Pour cela, fais du *mail scrapping* : ça permet de trouver les adresses mails associées au site de l'entreprise que tu vises. Il existe beaucoup de services qui te permettent de le faire gratuitement, il suffit de chercher sur Internet. Si tu ne trouves pas les adresses mails des CEO de cette manière, une autre option est de trouver le mail d'autres employés de l'entreprise et de regarder les similitudes entre leurs adresses : est-ce qu'elles s'écrivent plutôt avec la première lettre du prénom puis le nom de famille (*exemple : a.smith@hacktonbac.com*) ? Ou bien juste avec le prénom (exemple : *ayoub@hacktonbac.com*) ? Ou bien *ayoub.smith@hacktonbac.com* ?
En fonction, fais des tests en respectant le même modèle, et vérifie si l'adresse existe grâce à Mailtester.com.
Ajoute tes trouvailles dans une nouvelle colonne de ton tableau.

5.
Le mail

Il est maintenant temps d'apprendre à écrire un *cold email*. C'est un type de mail que tu envoies de manière spontanée à quelqu'un que tu ne connais pas, généralement pour lui demander quelque chose. Le but est d'attirer l'attention du destinataire et de lui donner envie d'accepter ta requête. Pour cela, il suffit de se conformer à quelques petites règles que voici :

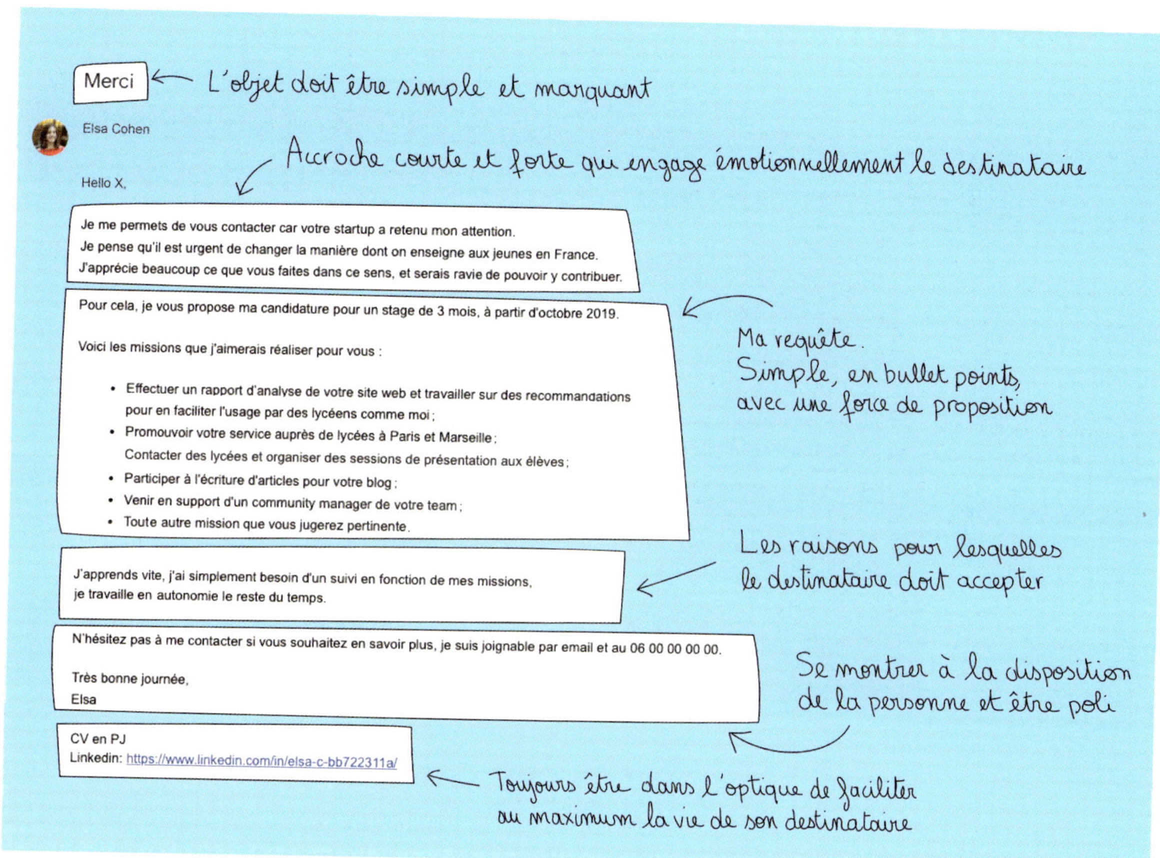

NB : Attention ! Il est légalement interdit de faire un stage sans convention et cette dernière n'est délivrée que par un établissement d'enseignement scolaire, universitaire ou de formation continue. Sans convention, tu n'es pas protégé en cas d'accident, par exemple.

#hack

Ton mail doit être le plus court possible.
Passe en revue tes phrases pour les raccourcir, fais des bullets points pour rendre ton propos plus lisible et donner envie au destinataire de te lire jusqu'au bout (il reçoit certainement des centaines de mails par jour).

Tu as peu de chances d'obtenir une réponse au premier coup. C'est pourquoi **il te faut relancer toutes les semaines ton correspondant.**
Dans ton tableau Excel, ajoute des colonnes avec le suivi de tes envois. Envoie un premier mail, puis un deuxième au bout de 3 jours, un troisième au bout d'une semaine, un quatrième au bout de deux semaines et un cinquième un mois après… Redouble d'inventivité pour montrer à ton correspondant que tu es déterminé !

Si tu obtiens une réponse négative, ne t'en fais pas, une entreprise n'a pas toujours la possibilité de prendre des stagiaires. Garde une attitude positive, et dis-toi que « c'est tant pis pour eux ».

6.
Le statut d'auto-entrepreneur

Détail non négligeable : il est interdit, légalement, de faire un stage sans convention de stage et ces dernières ne sont délivrées que par un établissement scolaire. Pas de convention ? Pas de panique ! Pour faire un stage en dehors du cadre scolaire, il existe d'autres possibilités que tu trouveras facilement, en faisant une rapide recherche sur Internet.

7.
L'entretien

Tu as reçu une ou plusieurs réponses positives ? Trop cool ! La suite logique, c'est l'entretien. Il faut que tu le prépares.
Voici les 3 choses à maîtriser sur le bout des doigts :

- La connaissance de l'entreprise dans laquelle tu postules
  Pour cela, fais des recherches sur les fondateurs, les employés, la mission de l'entreprise... Lis tout ce que tu peux à leur sujet afin de montrer que c'est vraiment chez eux que tu veux travailler.

- La mission pour laquelle tu as postulé
  Si tu as, par exemple, parlé de tes qualités de *community manager*, à nouveau, lis tout ce que tu trouves sur le sujet. Le but est d'être à la fois capable d'avoir une vue d'ensemble sur ta fonction, mais aussi de pouvoir donner des exemples précis, comme une entreprise connue qui exécute particulièrement bien la mission en question.

- Ta connaissance de toi-même
  Le but d'un entretien est avant tout de connaître le candidat. Le recruteur va te poser différentes questions assez classiques sur ta vie, tes qualités et défauts... Beaucoup de sites font la liste des questions généralement posées en entretien, et permettent de préparer des réponses.

Le concept *Fake it till you make it*

La traduction de cette expression pourrait être « Fais semblant jusqu'à l'avoir fait ». Il t'est peut-être déjà arrivé de dire à un prof que tu as oublié ton DM chez toi alors que tu ne l'as pas encore commencé. Eh bien... on peut appeler ça du *Fake it till you make it*. L'idée, c'est de persuader ton interlocuteur que oui, tu es capable de faire telle ou telle chose, que tu es à l'aise, et ensuite, qu'on ne sache jamais que tu as menti, car tu auras vraiment appris à les faire ! Évidemment, pour que cette formule fonctionne, il est essentiel de ne pas oublier de *make it* : sinon tu devras constamment mentir et tu seras mal à l'aise dans ton poste.

1.
Les codes du travail

Les codes du travail évoluent avec les pratiques. On le remarque dans les startups, où il ne viendrait pas à l'idée des employés de vouvoyer le directeur, ou de s'habiller en costard-cravate. Suivant l'entreprise dans laquelle tu travailles, l'ambiance sera plus ou moins décontractée.

Voici quelques conseils pour te sortir de toutes les situations :

- Sois observateur
Regarde la manière dont tes collègues se comportent, et n'essaye en aucun cas de dépasser les limites qu'ils s'imposent. Arrive aux mêmes heures que les autres, habille-toi d'une façon convenable, n'utilise pas un langage trop familier... Ça peut paraître bête, mais ce sont des signaux que tu envoies aux autres. Ton but n'est pas de te faire remarquer par une attitude négative, mais par ton envie d'apprendre le maximum de choses.

- Ne sois pas médisant, fais attention aux propos que tu tiens
Le but est que les autres employés aient une vision positive de toi. Attention aux blagues lourdes et aux remarques négatives donc. Il est probable que certains de tes collègues se plaignent, mais il ne faut pas les imiter.
Un peu comme au lycée !

- Ne prends pas les choses personnellement
Pendant ton stage, tu feras des erreurs, et peut-être que parfois les gens te feront des retours durs à entendre. C'est normal. Si cela t'arrive, demande-toi : la remarque était-elle constructive ? La personne s'y connaît-elle sur le sujet en question ? Est-ce qu'effectivement la remarque est fondée, ou bien est-ce un peu abusif ?
Si elle est juste, mets ton ego de côté et remercie la personne. Fais en sorte de prendre la remarque en compte et n'hésite pas à demander comment t'améliorer.
Si la remarque te semble excessive ou malveillante, ignore-la et évite cette personne qui ne te veut peut-être pas du bien !

La règle du *Pay-it-forward*

Pay-it-forward signifie : « Je t'aide aujourd'hui puisque j'en ai la possibilité, et on verra si un jour tu auras l'occasion de me rendre la pareille ». Naturellement, si tu acceptes avec plaisir d'aider l'autre quand tu en as la possibilité, les gens t'aideront à leur tour quand tu en auras besoin. On appelle ça un cercle vertueux. Cultive cet état d'esprit et tu verras qu'il t'apportera beaucoup dans tes relations aux autres.

2.
S'organiser

Les conseils que je t'ai donnés pour t'organiser (voir page 148) se concentraient sur l'école, mais la majorité sont applicables au stage et à la vie en général. Faire une *to do list* est par exemple un outil très utile pour être plus productif. À toi de tester ce qui fonctionne pour toi !
Suivant l'entreprise où tu fais ton stage, tu auras plus ou moins de travail. Si on te laisse du temps libre, profites-en pour apprendre des choses : lire des articles, suivre des cours sur Coursera... Cela permet d'être dans une dynamique d'apprentissage et de ne pas s'ennuyer.

3.
Être curieux et mettre sa timidité de côté

Faire un stage, ça veut dire se plonger dans de nouveaux sujets, apprendre à maîtriser de nouveaux outils, découvrir de nouveaux visages, et beaucoup travailler... Ce n'est pas toujours facile et ce qui est sûr, c'est que c'est épuisant au début. N'hésite donc pas à poser des questions, et à aller vers les gens. Je dirais même : ton stage ne durera pas très longtemps, donc profites-en !

POUR CONCLURE

Obtenir un stage sans diplôme est difficile. Ta démarche n'aboutira pas forcément, mais elle t'apprendra déjà beaucoup. Ça fait de toi un véritable hacker, et tu découvriras à travers cet effort de nombreuses techniques pour trouver un travail à l'avenir. Cela ne pourra que te servir !

#true story

Après avoir décidé de me déscolariser à la fin de la première, j'ai passé tout mon été à contacter des startups pour obtenir un stage. J'ai finalement eu une proposition d'entretien (seulement une !). J'étais extrêmement stressée, et pourtant, l'entretien s'est bien passé, et ils ont accepté de me prendre en stage pour les 3 mois suivants.
Au début, j'étais timide, je n'osais pas trop aller vers mes collègues et le rythme m'épuisait. Finalement, je m'y suis faite, et j'ai passé 3 mois exceptionnels à leurs côtés. J'ai énormément appris de cette expérience ; elle m'a permis d'être là où j'en suis aujourd'hui.

conclusion
m'épanouir

J'espère que cette lecture t'a donné envie de te lancer ! L'aventure en vaut la chandelle. Que tu réussisses ou pas, tu auras probablement acquis plus d'expérience professionnelle que dans l'ensemble de ton parcours scolaire.

NEXT

“T’ES AU MOMENT D’TA VIE OÙ TU PEUX DEVENIR C’QUE TU VEUX, LE MÊME MOMENT OÙ C’EST L’PLUS DUR DE SAVOIR C’QUE TU VEUX.”

ORELSAN, RAPPEUR

BAC
KO
TOI

GUIDE DE SURVIE

Te voici à la dernière étape du hackage de ton lycée, la révision du bac, aussi appelée « bachotage ». Plus tôt tu mets en place les méthodes que je vais te présenter, meilleurs seront tes résultats.
Mais bon, si pour une raison ou une autre, tu ouvres ce livre trois semaines avant les épreuves, tu trouveras aussi des conseils pour avoir ton bac sans stresser !

établir un plan d'attaque

Définir sa stratégie est essentiel avant de commencer à réviser, car c'est ce qui t'assure d'obtenir les meilleures notes possibles. Pour cela, détermine les matières qui méritent d'être travaillées à fond (parce qu'elles ont de gros coefficients), et celles qui t'intéressent moins, par exemple. Cette étape t'aidera également à y voir plus clair sur ce qui t'attend et à être lucide sur le travail que tu vas devoir fournir.

COMMENT RÉDIGER SON PLAN ?

Arme-toi d'un papier et d'un stylo et suis mes instructions :

1.
Fais un tableau avec une colonne « Points forts » et une colonne « Points faibles » et liste chacune de tes matières dans la colonne correspondante. Note également les coefficients de chaque matière.

2.
Surligne les matières que tu apprécies, pour lesquelles tu as envie d'investir du temps (par exemple, si tu penses que ces connaissances te serviront à l'avenir).

3.
Définis quelle mention tu aimerais obtenir au bac, de manière objective, tout en étant ambitieux.

4.
Maintenant que tu visualises les matières que tu aimes, celles où tu souhaites t'améliorer et celles où tu vas devoir faire le minimum, il est temps d'utiliser l'outil magique : le simulateur de notes ! Plein de sites en proposent, il suffit de chercher sur Internet.
Tu vas estimer quelles notes tu dois avoir dans chaque matière en fonction de la mention envisagée. Fais le calcul en te laissant une marge de 2 points au-dessus de ton objectif, comme ça, tu es sûr de ne pas être serré en cas de contreperformance.

POINTS FORTS	POINTS FAIBLES
◦ Anglais (3)	◦ Hist/Géo (5)
◦ S.E.S. (9)	◦ Espagnol (2)
◦ Mathématiques (5)	◦ Philosophie (4)
◦ Sport (2)	

#hack

Essaye, même pour tes matières faibles, **de viser le 10,** qui est facilement atteignable si tu fais le maximum de liens avec ta culture générale et que tu remplis ta copie.

Note sur une feuille les notes que tu vises dans chaque matière, et accroche-la au-dessus de ton bureau, bien en évidence, pour la voir quand tu es découragé. Avoir des objectifs permet de rester motivé sur la durée.

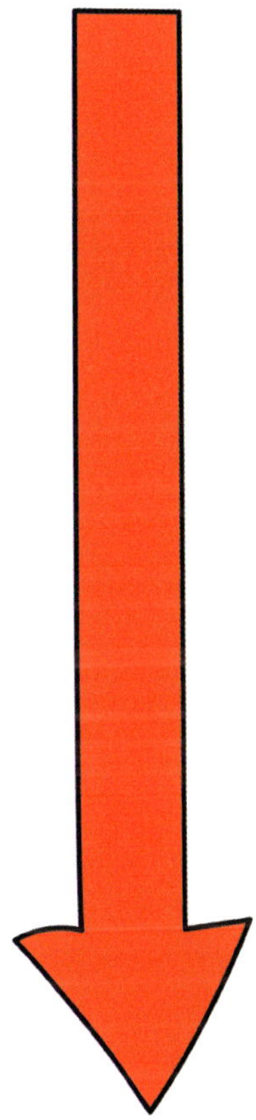

s'entraîner

Il y a différentes manières de bachoter : lire et relire à longueur de journée ses cours, faire des exercices, réécrire ses fiches en espérant que ça finisse par rentrer... Mais toutes ces méthodes ne sont pas idéales et surtout, elles sont vraiment ennuyeuses. Pour t'éviter ce calvaire et être efficace, voici mes techniques, à adapter en fonction de tes objectifs dans chaque matière.

1.
TRAVAILLER SEUL

En fonction de la matière, les attentes sont différentes : pour les langues, on doit maîtriser la structure des phrases et avoir du vocabulaire ; en sciences (maths, physique et SVT), il faut apprendre beaucoup de choses par cœur ; en philosophie, littérature et histoire-géo, c'est avant tout la méthodologie qu'il faut connaître. Mais quelle que soit la matière, appliquer la méthode qui suit t'aidera à mémoriser l'ensemble de ton cours !

1.
Pour chaque leçon, réalise une fiche avec la *chunk* méthode (voir page 68). Explique en quelques phrases, et avec tes propres mots, le contexte dans lequel s'inscrit la leçon et ajoute des exemples précis qui sont donnés dans ton cours. Tu dois passer maximum une heure par chapitre et par fiche.

2.
En rédigeant ces fiches, tu as commencé à encoder tes cours une première fois. Pour les retenir de manière définitive et savoir les restituer, il va falloir que tu t'entraînes ! Les bacs blancs te permettront de maîtriser la méthodologie et la gestion du temps. De nombreux sites ou annales te permettent de trouver les sujets des années précédentes. Réalise le maximum de sujets type bac par matière, en fonction des objectifs que tu as définis précédemment. Pour les compositions et dissertations, tu peux te contenter de faire des plans détaillés mais il est impératif de s'entraîner également à réaliser l'épreuve en entier. Faire un exercice concret plutôt que de relire à longueur de journée sa leçon est stimulant et rend les révisions plus efficaces.

2.
TRAVAILLER EN ÉQUIPE

Il y a de nombreux avantages à réviser avec des élèves de sa classe. C'est beaucoup plus motivant de travailler à plusieurs et on est souvent plus efficace.
D'abord, ça donne l'occasion de confronter ses idées, et donc de prendre conscience de ses erreurs de compréhension ou de prise de notes.
Ensuite, cela te permet de demander une explication s'il y a quelque chose que tu as mal compris, ou bien s'il te manque un cours, à cause d'une absence par exemple. À l'inverse, tu peux expliquer une leçon à un camarade, ce qui renforcera ta compréhension.
Tout bénéf donc ! Pour que les révisions en groupe soient efficaces, je vous conseille de préparer le cours avant de vous voir.

#hack

Pour que votre session de travail se déroule bien, **tout le monde doit arriver à l'heure.** Si chacune de vos séances commence avec 15 minutes de retard sur l'heure prévue, cela devient une perte de temps. Et si tu sens que vos discussions tournent à l'amusement, alors il vaut mieux changer de groupe de travail.

Pour les oraux, l'idéal est de s'entraîner à deux. Il faut être à l'aise, donc c'est optimal de parler à voix haute face à quelqu'un qui connaît aussi le sujet.

faire un planning de révisions

Maintenant que tu as établi ta stratégie et que tu sais comment réviser, tu peux faire ton planning de révisions. Il t'aidera à définir tes objectifs et mesurer ta productivité. Si tu es en mode focus, cela ne devrait pas te prendre beaucoup de temps.

COMMENT RÉALISER SON PLANNING ?

1.
Reprends l'ensemble de tes programmes de l'année (ils sont disponibles sur Internet si besoin). Parcours tous les chapitres et thèmes que tu dois apprendre pour le bac.

2.
Reprends les objectifs que tu t'es fixés à l'aide du simulateur de notes. Mesure le temps dont tu auras besoin pour réviser chaque matière. Vise large, et note-le de manière détaillée, comme page suivante.

3.
Le plus rapide, pour faire un planning, est d'utiliser l'App Calendrier de son téléphone, ou bien Google Agenda. Pour chaque matière, réserve un créneau de 2 heures par jour, sinon tu risques de te lasser et de ne pas être très productif.

Exemple de la *to do list* d'Elsa

Philo :

→ Revoir points-clés notions (28H)
→ Apprendre 10 biographies d'auteurs (12H)
→ Revoir l'introduction et le plan de dissert (2H)
→ Faire 4 plans détaillés de dissert (8H)
→ Revoir vocabulaire philo (5H)

= 55H

Anglais :

→ Revoir le vocabulaire des 4 thèmes (2H)
→ Apprendre parfaitement mes 4 synthèses (6H)

= 8 H

Histoire :

→ Revoir toutes les notions avec des documentaires (~5H)
→ Lire l'actualité (10 min tous les jours)

= 5H

Géographie :

→ Revoir les notions de la mondialisation (2H)
→ Comment fait-on une carte déjà ? (1H)
→ Lire l'actualité

= 3H

Littérature :

→ Revoir les sujets les plus brûlants dans chaque livre (4H)
→ Revoir la méthode (1H)
→ Regarder des sujets bac (1H)

= 6H

#hack

Précise bien pour chaque créneau quelle leçon tu réviseras. De cette manière, tu es sûr de n'en oublier aucune.

Prévois dans ton planning de passer les deux jours qui précèdent la première épreuve à te reposer. Ça te permettra de réviser les derniers détails oubliés, et surtout, de te détendre avant le marathon du bac !

“ J’AI JAMAIS EU LES CODES, TOUTES LES PORTES JE LES AI CROCHE-TÉES ”

NEKFEU, RAPPEUR

gérer son stress

Quand on stresse, notre taux de cortisol augmente. C'est ce qui te donne les mains moites, les nœuds au ventre et augmente le rythme des battements de ton cœur. Mais en réalité, c'est surtout la manière dont tu interprètes ton stress qui va déterminer ta capacité à le dépasser ou non. Si, plutôt que de te dire : « Ce test me fait peur », tu te dis : « Ce test m'excite car j'ai envie de donner le meilleur de moi-même », alors tu verras que le stress aura un impact positif sur tes performances ! Il te permettra d'être plus concentré, et de donner vraiment le meilleur de toi-même. Découvre comment être plus détendu à l'approche des examens.

1.
LA *CHECK-LIST*

Elle te permet de vérifier que tu as fait ton maximum pour être dans de bonnes conditions à ton examen. Pour cela, il faut répondre oui à toutes ces questions :

- Est-ce que tu as travaillé avec tes camarades pour être sûr d'avoir compris correctement la leçon ?
- Est-ce que tu as posé des questions à ton prof quand tu avais des difficultés à comprendre quelque chose ?
- Si tu as un livre d'exercices, est-ce que tu l'as parcouru en t'assurant que tu étais capable de tout faire ?
- T'es-tu entraîné à faire beaucoup d'exercices plutôt que passer du temps à relire tes leçons ?
- Est-ce que tu as eu une bonne nuit de sommeil avant ton test ?
- T'es-tu correctement hydraté et as-tu mangé quelque chose avant d'entamer le test ?

2.
EXERCICE DE RESPIRATION

L'exercice que je propose est très simple pour calmer ses angoisses et se relaxer. Il permet également de supprimer la sensation d'hyperventilation, ou au contraire d'apnée, qui nous assaille lorsqu'on angoisse.

Pose tes mains sur ton ventre, concentre-toi sur ta respiration et commence doucement à la ralentir, en prenant de grandes inspirations tout en gonflant ton ventre, puis en expirant lentement. On a tendance à gonfler sa poitrine quand on respire, mais s'entraîner à gonfler son ventre (respiration ventrale) est une bien meilleure habitude. Si tu sens tes mains bouger sur ton ventre, c'est que tu fais l'exercice correctement. Mais ne commence pas à t'entraîner le jour du test, cela ne servirait à rien ! Entraîne-toi pendant une minute de temps en temps, pour que cette habitude soit ancrée le jour J.

3.
AVOIR UN PLAN B

La principale raison du stress, c'est l'idée de ne pas avoir les notes suffisantes pour accéder à la carrière que l'on souhaite. Pour faire taire ce stress, il suffit d'avoir une alternative à son premier choix de carrière ; de savoir que, même dans le cas où l'on rate complètement ses examens, on a une issue de secours. Le fait de déstresser permet d'être plus performant, car la peur est bloquante : elle te fait tourner en rond. Finalement, avoir un plan B te permettra d'avoir plus de chances d'atteindre ton premier vœu. Fais la différence entre les bonnes et les mauvaises peurs : les peurs positives apportent motivation et concentration, alors que les mauvaises peurs nous font juste perdre énergie et courage. Il nous arrive à tous de rater un test, parce que, ce jour-là, on n'est pas dans notre assiette ou qu'on n'a pas assez révisé. Mais bon, si tu t'entraînes régulièrement, et en ayant une approche saine de ton stress, tu verras, la chance sera de ton côté !

#hack

Organise-toi au mieux pour ne pas avoir de « coup de stress » de dernière minute : **fais ton sac à l'avance, vérifie deux jours avant le début des épreuves que tu as tout le matériel qu'il te faut** (calculatrice, crayons de couleur…).

Avant d'entrer dans la salle d'examen, **dis-toi que, si tu stresses, c'est que tu as envie de donner le meilleur de toi-même. Répète-le-toi jusqu'au début de l'épreuve,** ça te donnera de l'énergie positive.

“

**TU GAGNES EN FORCE,
COURAGE
ET CONFIANCE
À CHAQUE EXPÉRIENCE
OÙ TU CESSES
DE REGARDER LA PEUR.
TU DEVRAIS
FAIRE LES CHOSES
QUE TU PENSES
NE PAS ÊTRE
CAPABLE
DE FAIRE.**

”

ELEANOR ROOSEVELT, ANCIENNE PREMIÈRE DAME DES ÉTATS-UNIS

pendant les épreuves

Il y a l'art et la manière de passer une épreuve, depuis la gestion du stress au départ jusqu'à la relecture de sa copie. Pour être efficace et éviter les étourderies, il est très important d'être organisé, même pendant les épreuves. C'est à ça que l'on va t'entraîner dans cette partie !

1.
COMMENCER SON ÉPREUVE

Généralement, on commence par répondre aux questions les plus faciles, pour finir par celles que l'on redoute. Si tu n'as pas révisé, c'est plutôt une bonne stratégie puisqu'elle permet d'obtenir le maximum de points dans le temps imparti. En revanche, si tu as révisé, voici comment tu devrais procéder :

1.
Commence, au brouillon, par t'attaquer au problème le plus difficile. Réfléchis-y pendant une ou deux minutes de manière très focus. Puis, passe aux questions les plus faciles.

2.
Pendant que tu travailles sur les questions qui ne te posent pas de problèmes, ton cerveau mouline, en arrière-plan, sur la question complexe. Dans le mode diffus (voir page 142), ton cerveau redouble d'inventivité, pour que le « *eurêka* » se produise.

3.
Une fois que tu as répondu aux questions simples, retourne au problème initial. Tu auras probablement eu une idée entre-temps pour le résoudre.

2.
LA RELECTURE

Parfois, on est tellement concentré que notre cerveau nous joue des tours : c'est là qu'on commet des erreurs « bêtes ». C'est pourquoi il est essentiel d'effectuer plusieurs relectures à la fin d'une épreuve :

- Une première relecture en se demandant pour chaque idée avancée : « Est-ce que cela a vraiment du sens ? » ;
- Une deuxième relecture de la fin de ta copie vers le début. Cela permet d'aborder son travail sous un autre angle et de repérer plus facilement les erreurs ;
- Une troisième relecture pour corriger les fautes d'orthographe, de ponctuation, de conjugaison et de grammaire.

Starter pack

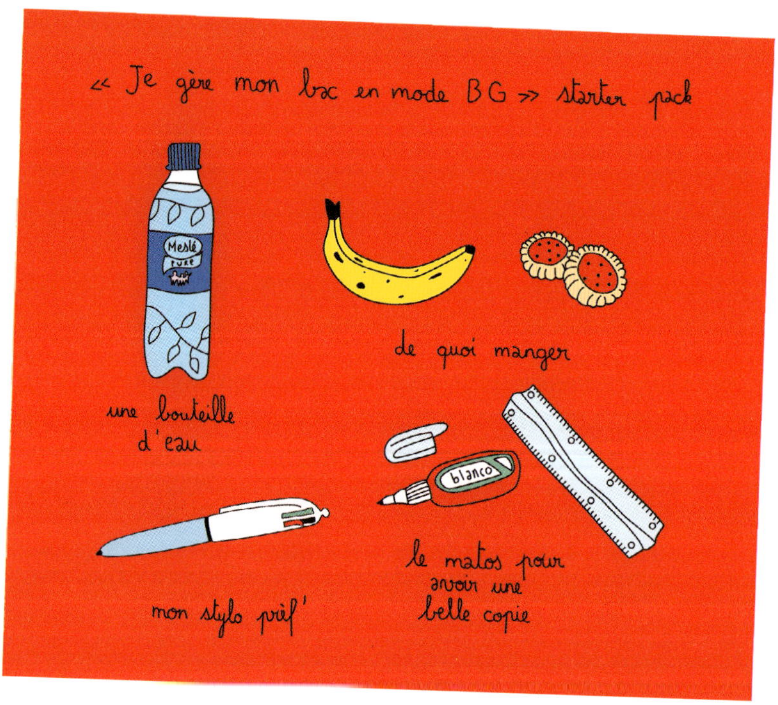

#hack

Avoir une montre pour minuter son temps est essentiel. Entraîne-toi pendant tes révisions, pour arriver le jour des épreuves en sachant par quoi commencer sans perdre une minute !

N'oublie pas de prendre une bouteille d'eau, de quoi manger, et tout le matériel dont tu as besoin pour écrire et corriger proprement ta copie.

les attentes des correcteurs

On se pose beaucoup de questions sur les attentes des correcteurs et ce qui peut nous permettre d'obtenir des points de manière sûre. Le bac évalue notre niveau de compréhension des règles. Il est simple d'obtenir des bonnes notes dans certaines matières sans avoir beaucoup travaillé si l'on a compris ce que l'on attend de nous.

1.
LE BON ÉTAT D'ESPRIT

- **Quoi qu'il arrive, sois sûr de toi**
  Peut-être que tu tomberas sur ton sujet préféré, ou bien sur celui que tu redoutes le plus. C'est le hasard et tu n'y peux rien, donc ne te laisse pas bloquer par ton stress à la découverte du sujet et fais ton maximum.

- **Utilise ta culture générale**
  Prends le réflexe de griffonner au brouillon toutes les choses que tu connais sur le sujet, afin de mobiliser le maximum de matière dans ta copie. Pense également à faire des connexions pertinentes avec l'actualité ou un sujet que tu connais bien.

- **Respecte les règles**
  Il vaut mieux rendre une copie juste plutôt qu'originale. Quand tu commences à noter tes idées sur ton brouillon, pose-toi les questions : « Peut-on me reprocher un hors-sujet ? » ; « De quoi faut-il que je parle pour m'approcher le plus possible de ce qu'on attend de moi ? »

2.
À L'ÉCRIT

- **Évite les erreurs d'inattention**
  N'oublie pas d'utiliser la technique des trois relectures (voir page 238).

- **On ne te le répètera jamais assez, la lisibilité de ta copie joue dans ta note finale.** Donc, respecte les règles des sauts de ligne et fais un effort pour avoir une écriture lisible, sinon tu risques d'avoir une note catastrophique uniquement parce que le correcteur n'aura pas réussi à te lire.

- **Dans les épreuves où il faut réaliser une introduction et une conclusion, soigne-les particulièrement.**
  Elles donnent au correcteur la première et la dernière impression sur ton travail. Une introduction doit être bien structurée, lisible, avec une problématique du tonnerre !

3.
À L'ORAL DE LANGUE

D'abord, fais en sorte de mettre ton correcteur de bonne humeur lors de ta présentation :

- Quand tu entres dans la salle, dis bonjour dans la langue en question avec un grand sourire.

- Respecte le temps imposé par l'épreuve, même s'il vaut mieux dépasser un peu que de finir trop tôt.
  Ensuite, les oraux de langues sont des épreuves stressantes,

donc

- Lors de la préparation, structure tes idées : cela te permettra de ne pas t'embrouiller lors de ta présentation.

- Utilise un vocabulaire simplissime, il vaut mieux former des phrases simples et réussir à t'exprimer, plutôt que d'utiliser trois mots complexes et que ta présentation se termine bien plus tôt que prévu !

#hack

Les attentes des correcteurs
ne sont pas aussi élevées que ce que tu imagines.
**Si tu mets en application les conseils
que je t'ai donnés, tu es sûr de limiter la casse**
– voire d'exceller ! **Le tout est de ne pas
te laisser perturber,** que ça soit par le sujet
sur lequel tu tombes
ou les réflexions de l'examinateur.

conclusion guide de survie

Si tu lis ces lignes et que tu as appliqué les conseils proposés au fil des pages, tu es normalement prêt pour affronter les épreuves du baccalauréat ! C’est le moment de faire ton maximum. Surtout, aies confiance en toi : tu es tout à fait capable d’obtenir cet examen. N’oublie pas que peu importe tes résultats, ce diplôme n’est pas une fin en soi. Tu pourras toujours le repasser si tu ne l’obtiens pas, et sinon, de nombreuses voies te permettront de réussir dans la vie, avec ou sans bac.

THE END

manifeste

“

C’EST DANS CES MOMENTS D’INSTABILITÉ
QU’IL EST À LA MODE DE DIRE :
“LE MONDE EST DEVENU FOU IL N’Y A RIEN À FAIRE.”
MAIS C’EST DANS CES MOMENTS-LÀ QUE L’ESPOIR
COMPTE LE PLUS. NOUS SOMMES AUJOURD’HUI
PLUS CONNECTÉS, MIEUX ÉDUQUÉS,
PLEINS DE RESSOURCES, EN TERMES ABSOLUS
PLUS QUE RELATIFS. EST-CE SUFFISANT ?
JE LE PENSE. LES DÉFIS SONT-ILS ÉNORMES ?
ABSOLUMENT. MAIS AU FOND, SI NOUS NOUS
COORDONNONS, TRAVAILLONS ENSEMBLE,
SI NOUS PARTAGEONS NOS CONVICTIONS
ET PERSUADONS LES GENS, NON PAS JUSTE
AUTOUR DE NOUS MAIS PARTOUT DANS LE MONDE,
ALORS NOUS POUVONS CRÉER DES LIENS
DE FRATERNITÉ QUI NE CONNAÎTRONT
AUCUNE FRONTIÈRE. DES LIENS
DE CŒUR À CŒUR, ENTRE ESPRITS
AUX DIFFÉRENTS LANGAGES.

”

EDWARD SNOWDEN

Nous n'avons pas eu la chance d'hériter de l'insouciance de nos parents : le réchauffement climatique s'accentue, la peur et la colère s'emparent des gens, et face à ces difficultés, il est normal de se sentir impuissant. Pourtant, nous, enfants et adolescents, avons les moyens de réinvestir ce monde de manière positive. Notre génération est éveillée, engagée et connectée. Nous avons suffisamment d'imagination pour réinventer les règles du jeu. Avec de la détermination, nous pouvons faire entendre notre voix et imposer nos idées.

Pour cela, nous disposons de l'outil le plus puissant jamais mis à disposition : Internet. C'est notre chance. Dans un monde de plus en plus décentralisé, nous devons être plus que jamais unis, pour que l'amour et la justice l'emportent sur la peur et la haine. Ne laissez personne vous faire croire que nous sommes seulement les citoyens de demain ; nous sommes des citoyens, aujourd'hui.

« NE DOUTEZ JAMAIS
DU FAIT
QU'UN PETIT NOMBRE
DE PERSONNES
PEUVENT
CHANGER LE MONDE.
EN VÉRITÉ,
C'EST TOUJOURS
AINSI
QUE LE MONDE
A CHANGÉ. »

ATTRIBUÉ
À MARGARET MEAD

Jeunes du XXIe siècle, nous avons du potentiel. Ce petit groupe de personnes qui changera le monde, cela peut être notre génération. Il suffit de croire en un avenir meilleur pour avoir le courage de le construire. J'ai créé le projet « Hack ton Bac » pour apporter ma pierre à l'édifice. Tu l'auras compris, ce n'est pas seulement un livre. C'est une impulsion par une lycéenne, pour des lycéens. C'est un mouvement. C'est un message d'espoir qui, je l'espère, t'a montré qu'il est possible de t'épanouir et de trouver ta place dans ce monde. Parce que le bac est encore un passeport pour poursuivre ses études et trouver du travail, c'est mieux si tu l'obtiens. Mais parce que le bac ne t'aidera ni à exercer ton métier ni à être plus heureux dans la vie, il ne faut pas t'arrêter là. Ton devoir n'est plus seulement d'être un spectateur, comme lorsque tu es assis sur ta chaise en classe. Il est temps que tu deviennes aussi acteur du changement ! Nous avons tous un rôle à jouer. C'est en trouvant sa place que l'on se met à rayonner.

ELSA

ressources & sources

Tu aimerais aller plus loin et découvrir des vidéos, films et livres, recommandés par la communauté *Hack ton Bac* ?
Va sur le site hacktonbac.com !
Afin de faire un livre le plus complet possible, j'ai utilisé des concepts et des méthodes développés par des auteurs et des chercheurs. Je les ai ensuite enrichis de mes expériences et adaptés à tes besoins.
Voici la liste des ouvrages et recherches dont je me suis inspirée :

Sites Internet et articles

- https://www.cell.com/cell-stem-cell/fulltext/S1934-5909(18)30121-8
- https://news.stanford.edu/
- https://www.who.int/fr/news-room/fact-sheets/detail/electromagnetic-fields-and-publichealth-mobile-phones
- https://www.ncbi.nlm.nih.gov/pubmed/22042726
- https://www.ncbi.nlm.nih.gov/pubmed/17328703
- https://www.lrc.rpi.edu/programs/solidstate/cr_sleepquality.asp
- LA ROCHEBROCHARD Jean (de), « Organisé comme une machine pour vivre comme un humain ».
- Wait but why, « Why procrastinators procrastinate ».

Livres

- AMOUVEL Philippe, *Le Guide anti-Alzheimer : les secrets d'un cerveau en pleine forme*, Le Cherche-Midi, 2018.
- Coll., *Le Grand Larousse du cerveau*, Larousse, 2015.
- DALAI-LAMA, STIL-RIVER Sofia, *Faites la révolution !* Massot Éditions, rééd. 2019.
- DAVIDSON Richard et BEGLEY Sharon, *Les Profils émotionnels*, Les Arènes, 2018.
- DEHAENE Stanislas, *Apprendre ! Les talents du cerveau, le défi des machines*, Odile Jacob, 2018.
- FELDET Richard (Dr), « Memo To Students Who Are Disappointed With Their Last Test Grade » (en anglais).
- GIORDAN André, SALTET Jérôme, *Apprendre à apprendre*, Librio, 2015.
- LAMARRE Guillaume, *La Voie du créatif*, Pyramyd, 2016.
- ROOT-BERNSTEIN Robert, *Sparks of Genius*, Mariner Books, 2001 (en anglais).
- ROSENBERG Marshall, *Les Mots sont des fenêtres*, Jouvence, 2016.
- RUIZ Miguel, *Les Quatre accords toltèques*, Jouvence, rééd. 2017.
- TOLLE Eckhart, *Le Pouvoir du moment présent*, J'ai Lu, rééd. 2010.

Vidéos

- DWECK Carol, « The power of believing you can improve ».
- OAKLEY Barbara et SEJNOWSKI Terry, « Learning how to learn », Coursera.

remerciements

Ce livre doit beaucoup à la précieuse lecture d'Hélène Bouchoucha, ainsi qu'à l'intuition de Florent Massot. Sont aussi à féliciter Valérie Lavital, reine des illustrations et Sophie Larivière, hackeuse de mise en page. Merci pour votre confiance, votre bonne humeur et votre énergie ! La relecture de Bénédicte Défontaines, neurologue, a également été une grande contribution à la qualité de ce livre. Je suis reconnaissante pour les conseils de Julia Moroge et Chloé Cohen, pour l'aide sur le site Internet de Ayoub Bakri, ainsi que pour la relecture de Damka Vandevelde. Mille mercis à mes amis de Reverse, à The Family, Oussama, Antonin, et toutes les personnes qui m'ont conseillée et soutenue pendant ce projet. Un grand merci à toi qui lis ce livre, tu es ma plus grande source d'inspiration.

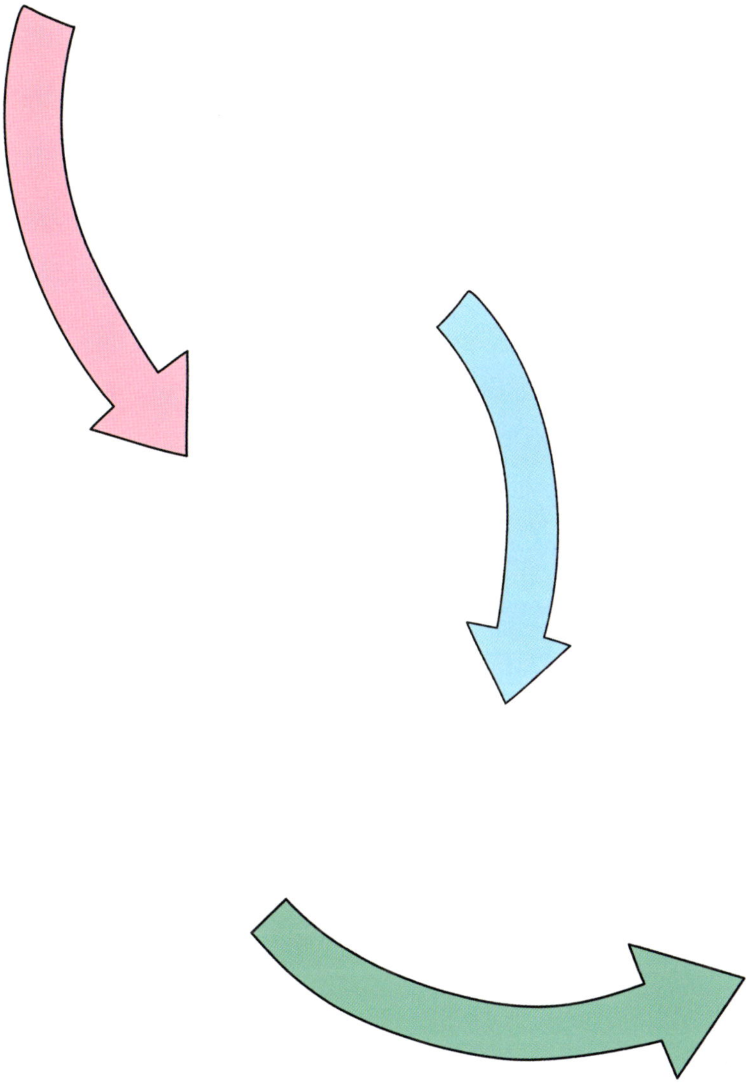

retrouve la communauté *Hack ton Bac* sur...

hacktonbac.com

Instagram hacktonbac

Facebook Hack ton Bac

Snapchat hacktonbac

Fabrication : Amélie Dentan
Suivi éditorial : Hélène Bouchoucha
Relecture-correction : Florence Collin et Françoise Besseau
Achevé d'imprimer en France par l'Imprimerie Estimprim en octobre 2019

www.hacktonbac.com
www.hacktonbac.com
www.hacktonbac.com

#HACK

www.hacktonbac.com
www.hacktonbac.com
www.hacktonbac.com
www.hacktonbac.com
www.hacktonbac.com
www.hacktonbac.com
www.hacktonbac.com
www.hacktonbac.com

#HACK
www.hacktonbac.com
www.hacktonbac.com